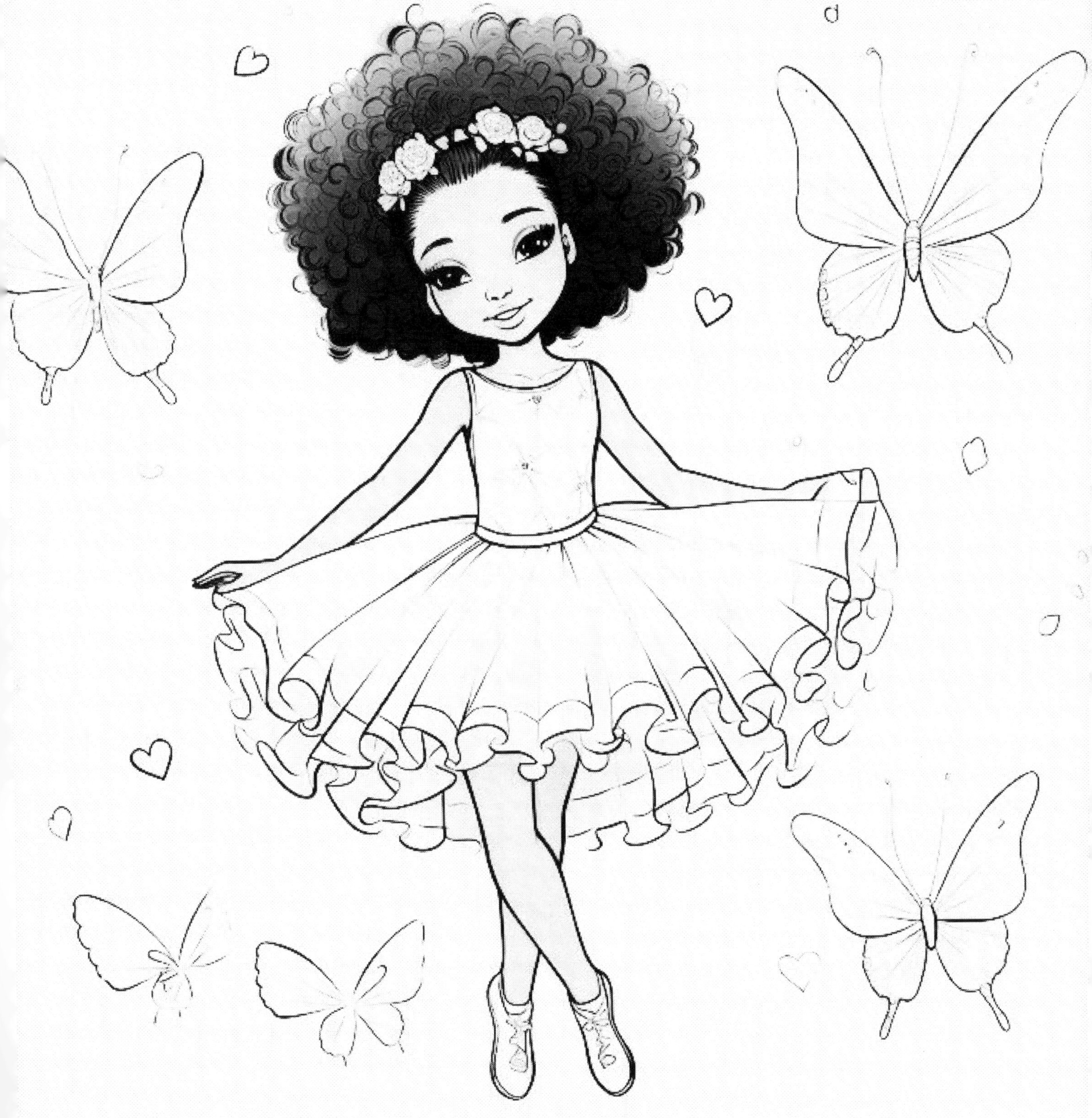

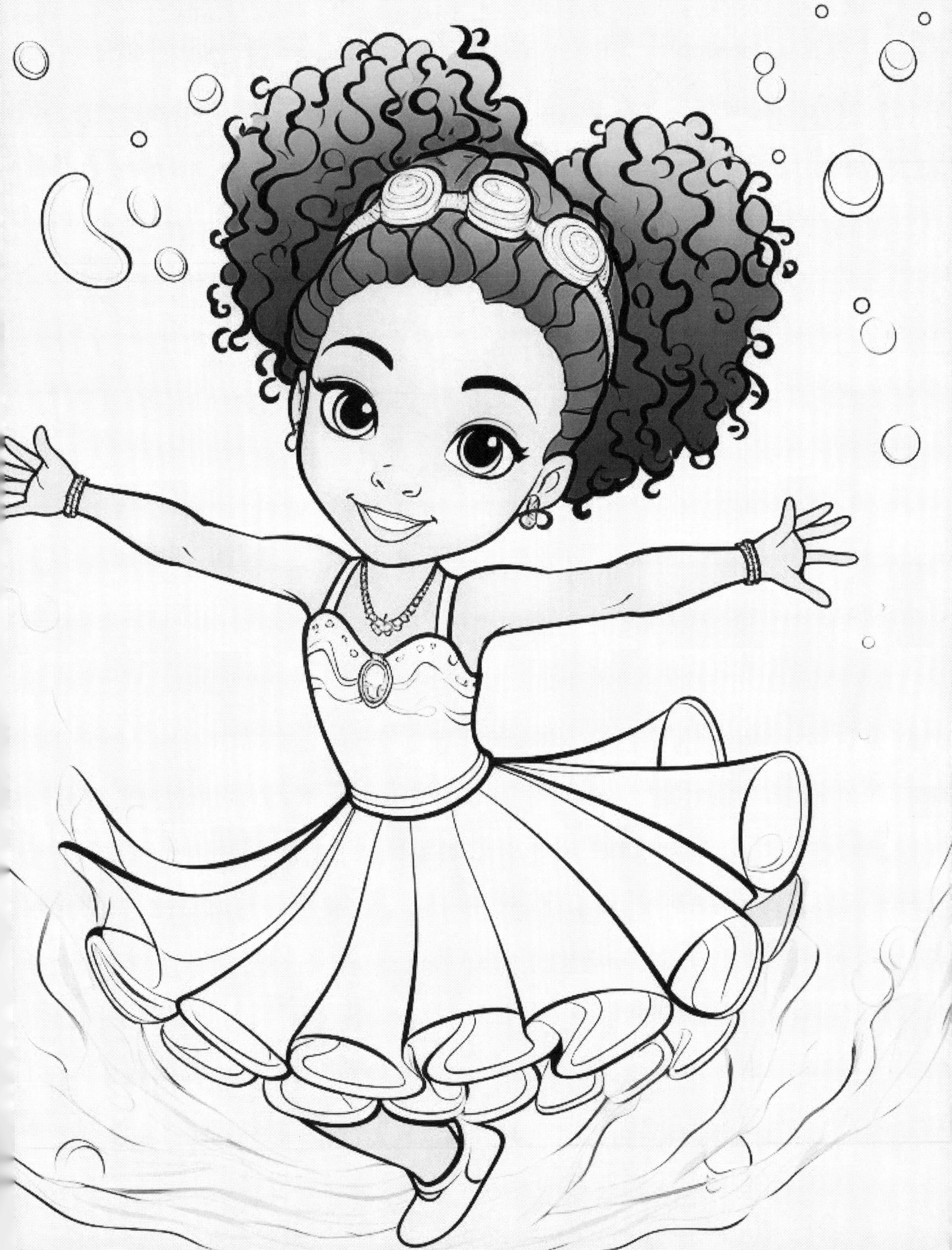

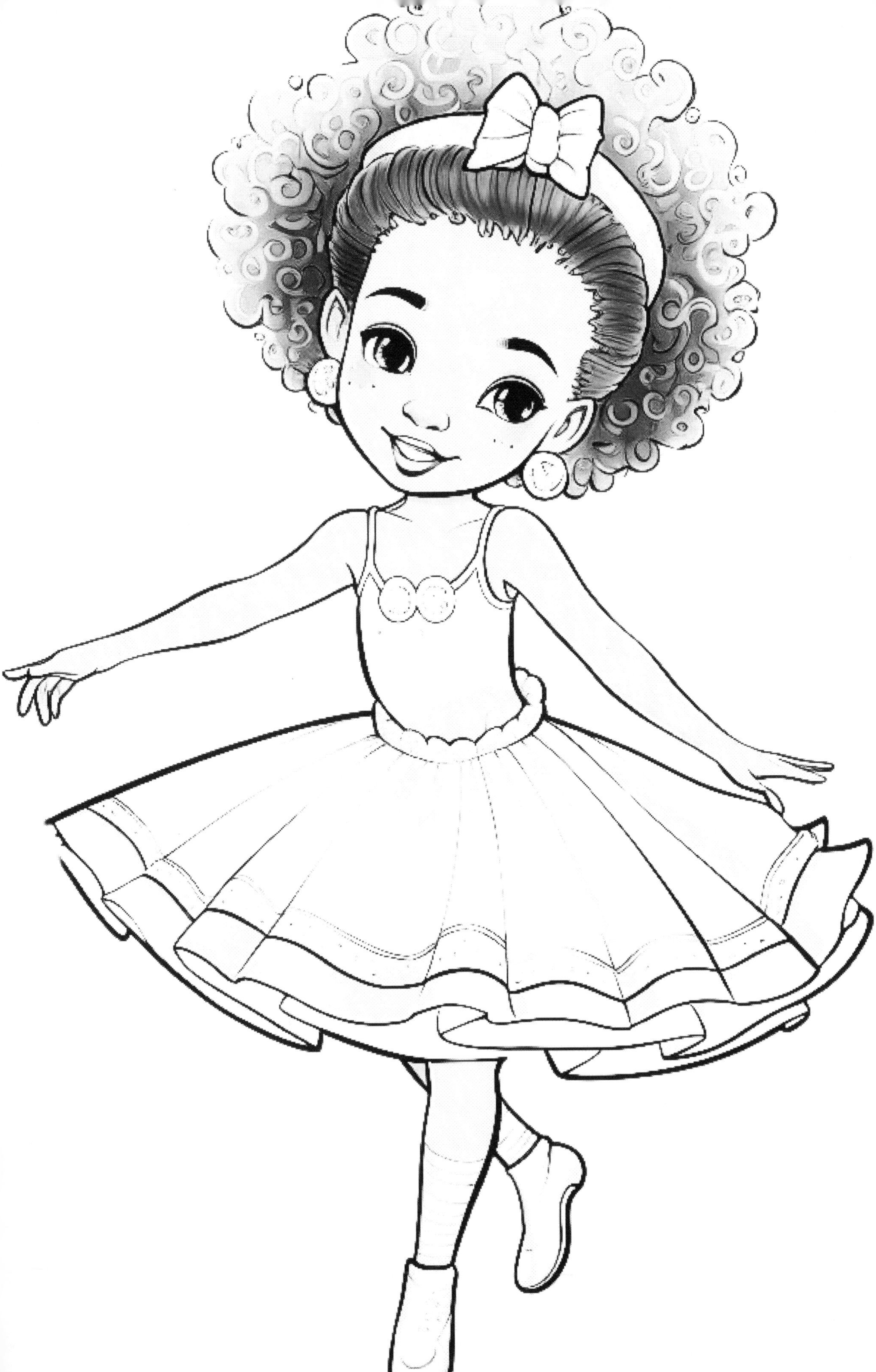

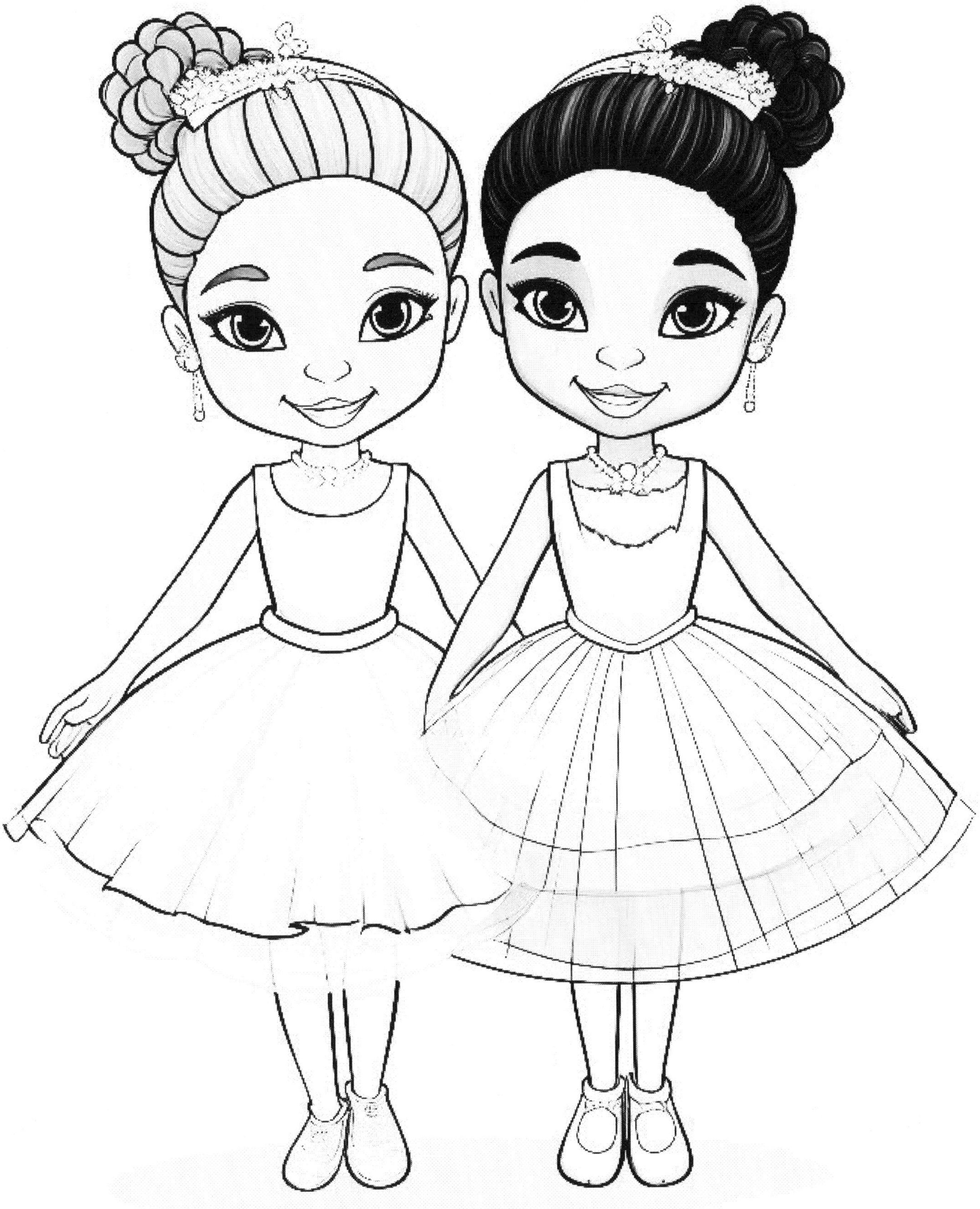

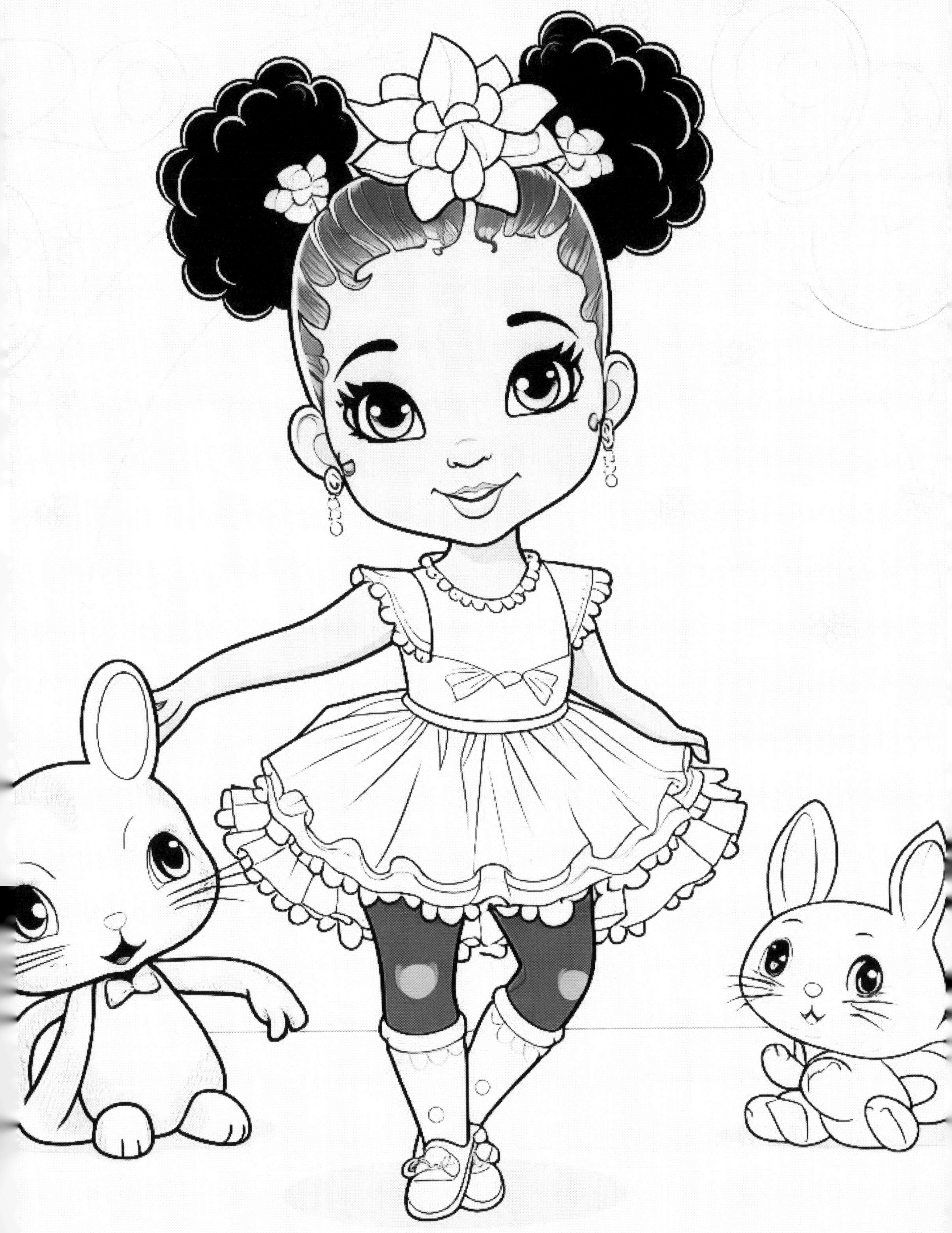

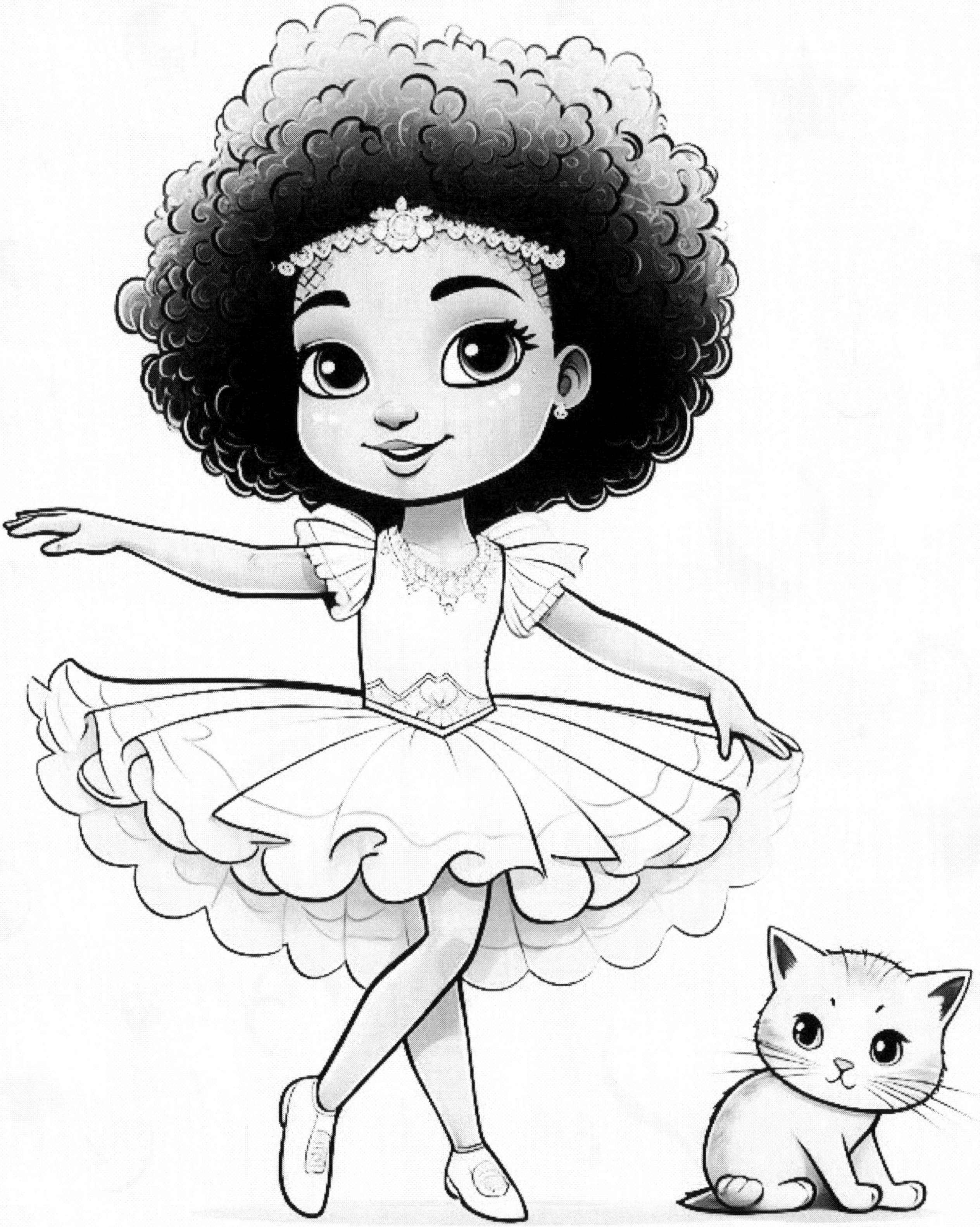

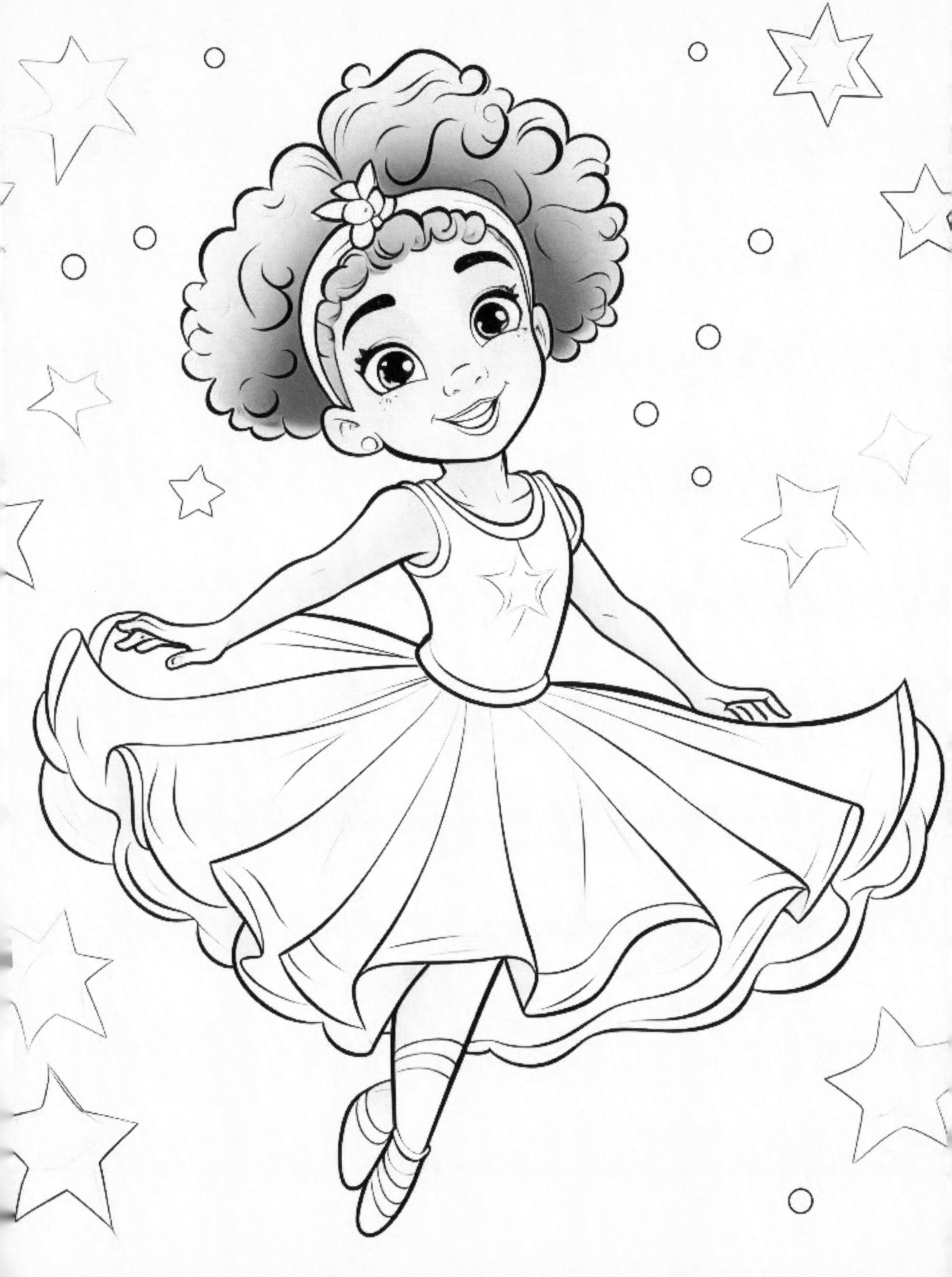

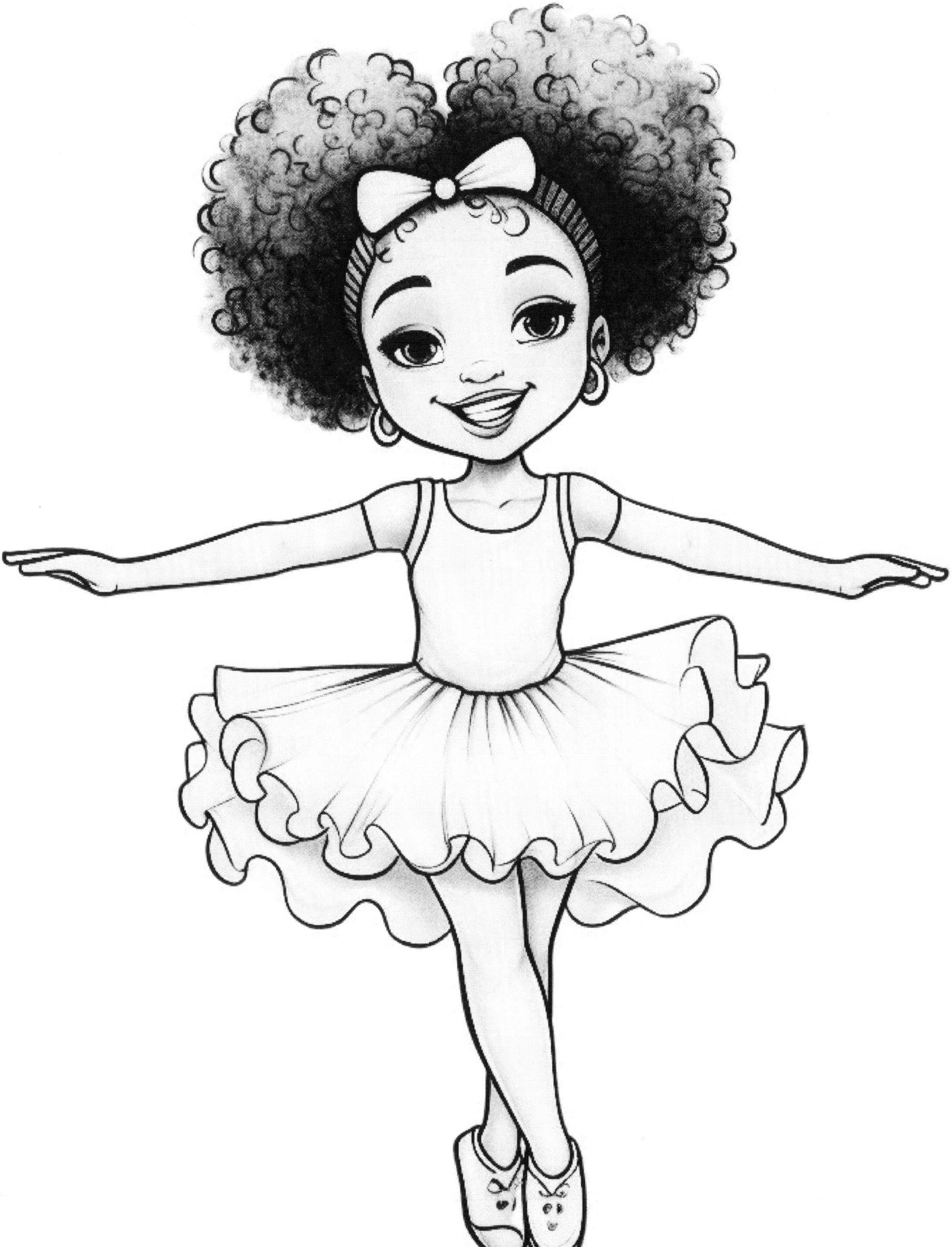

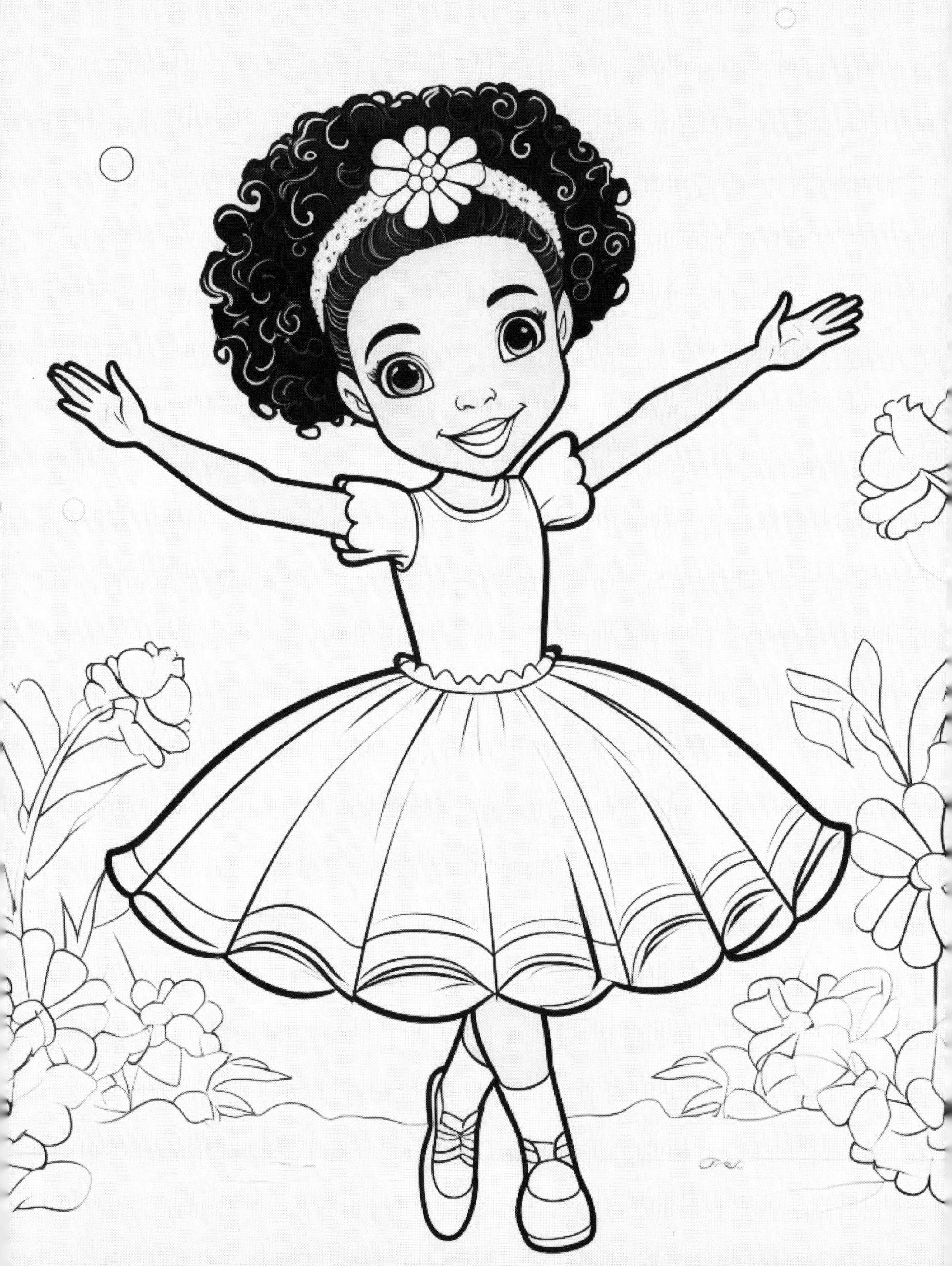

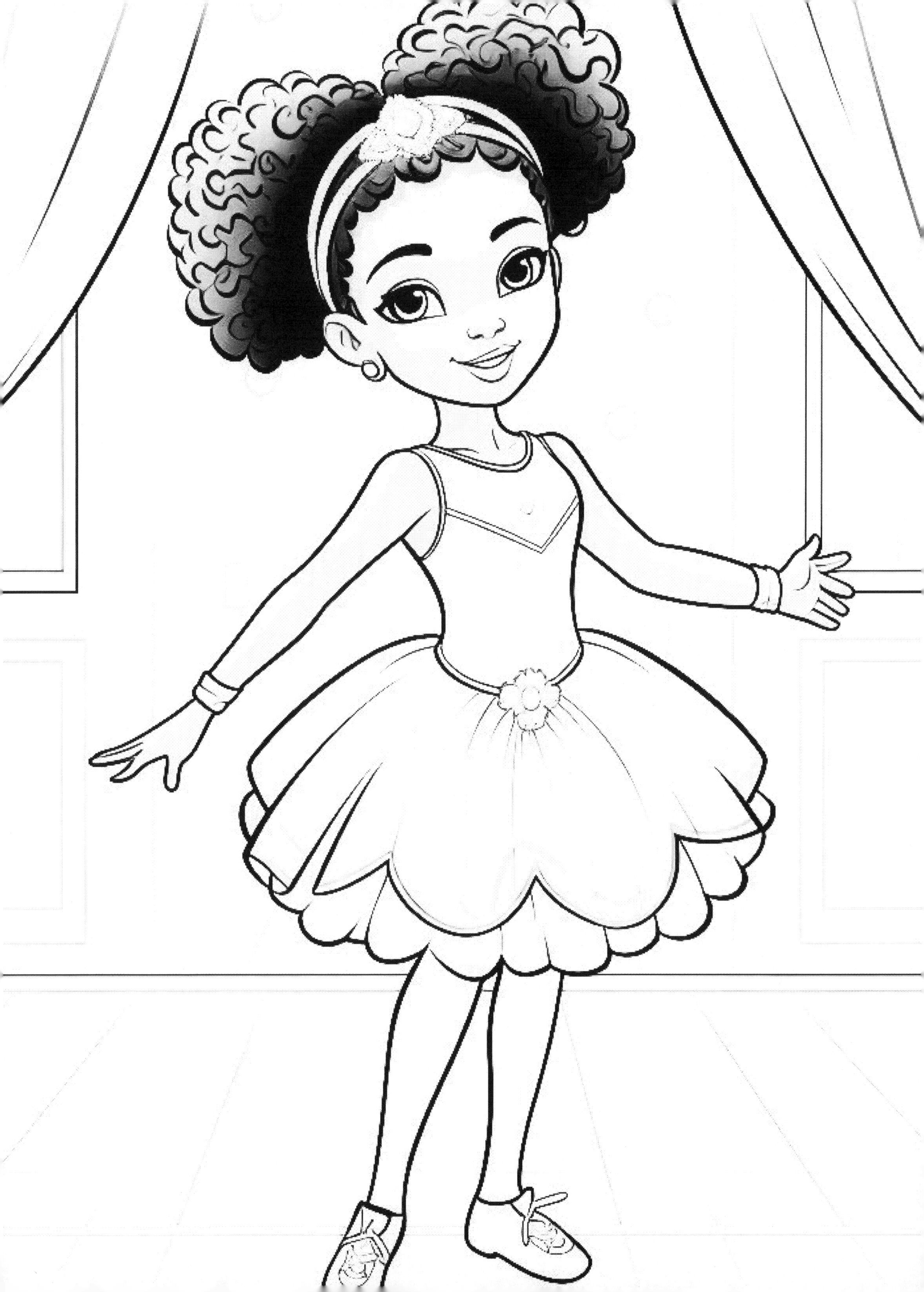

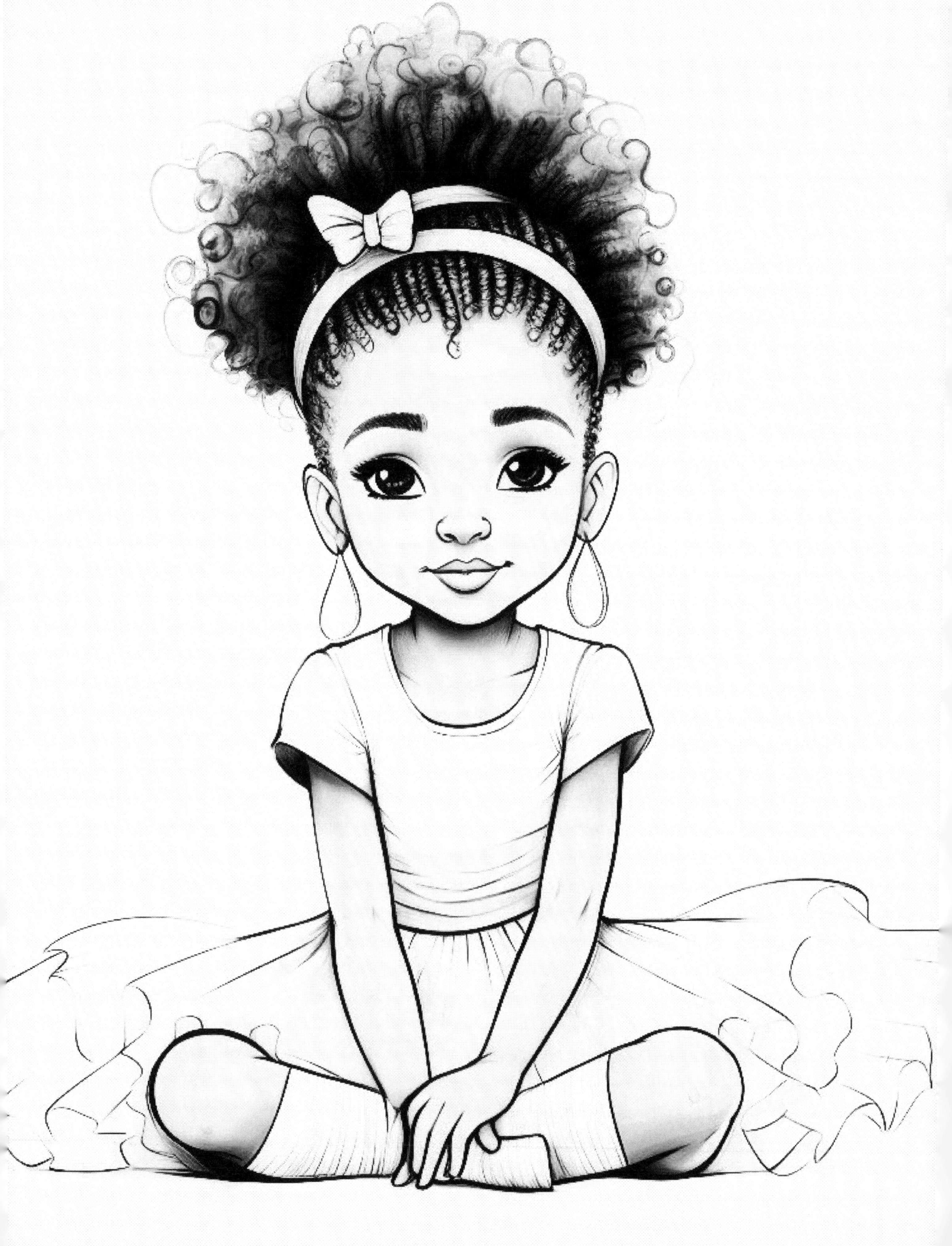

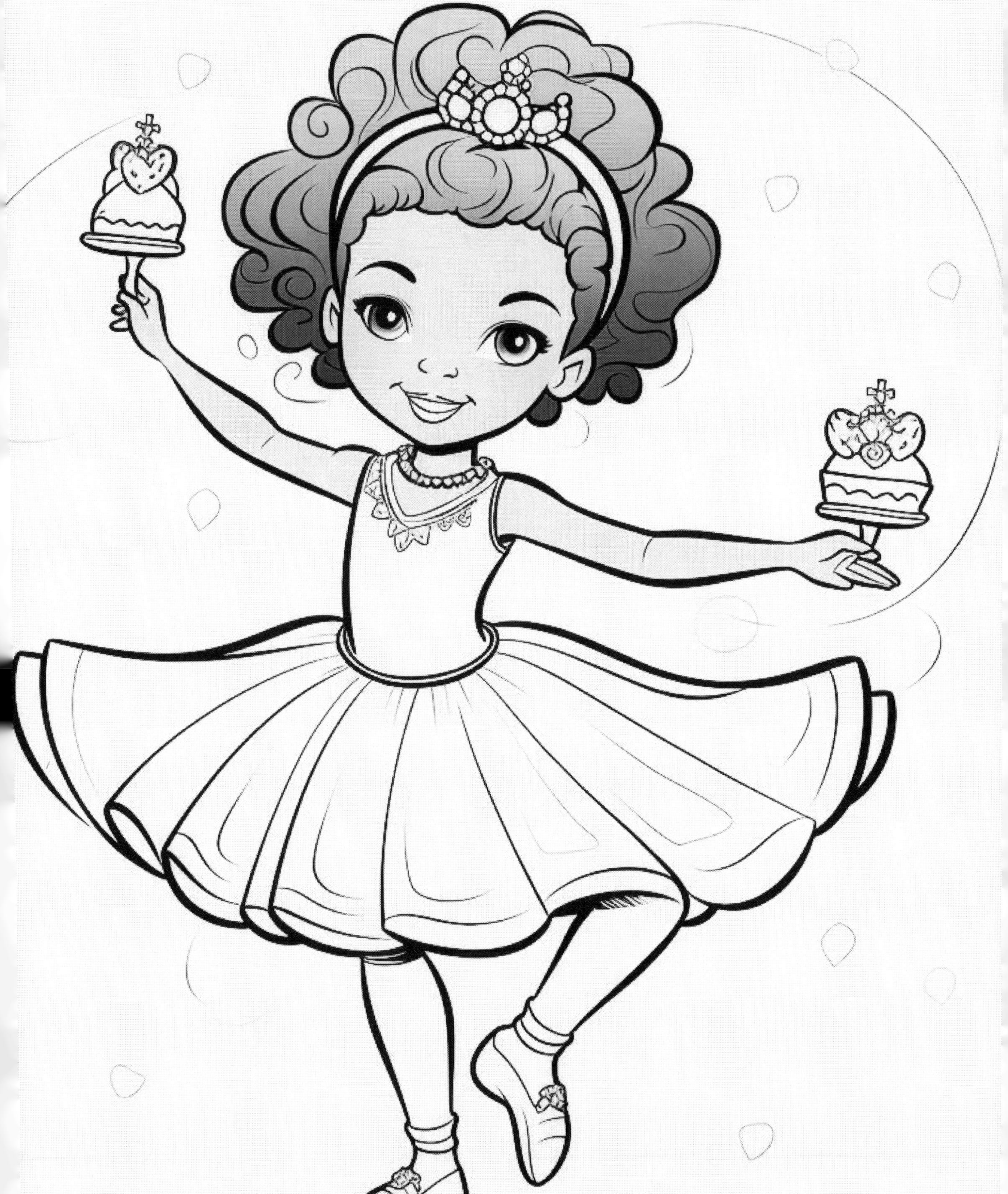

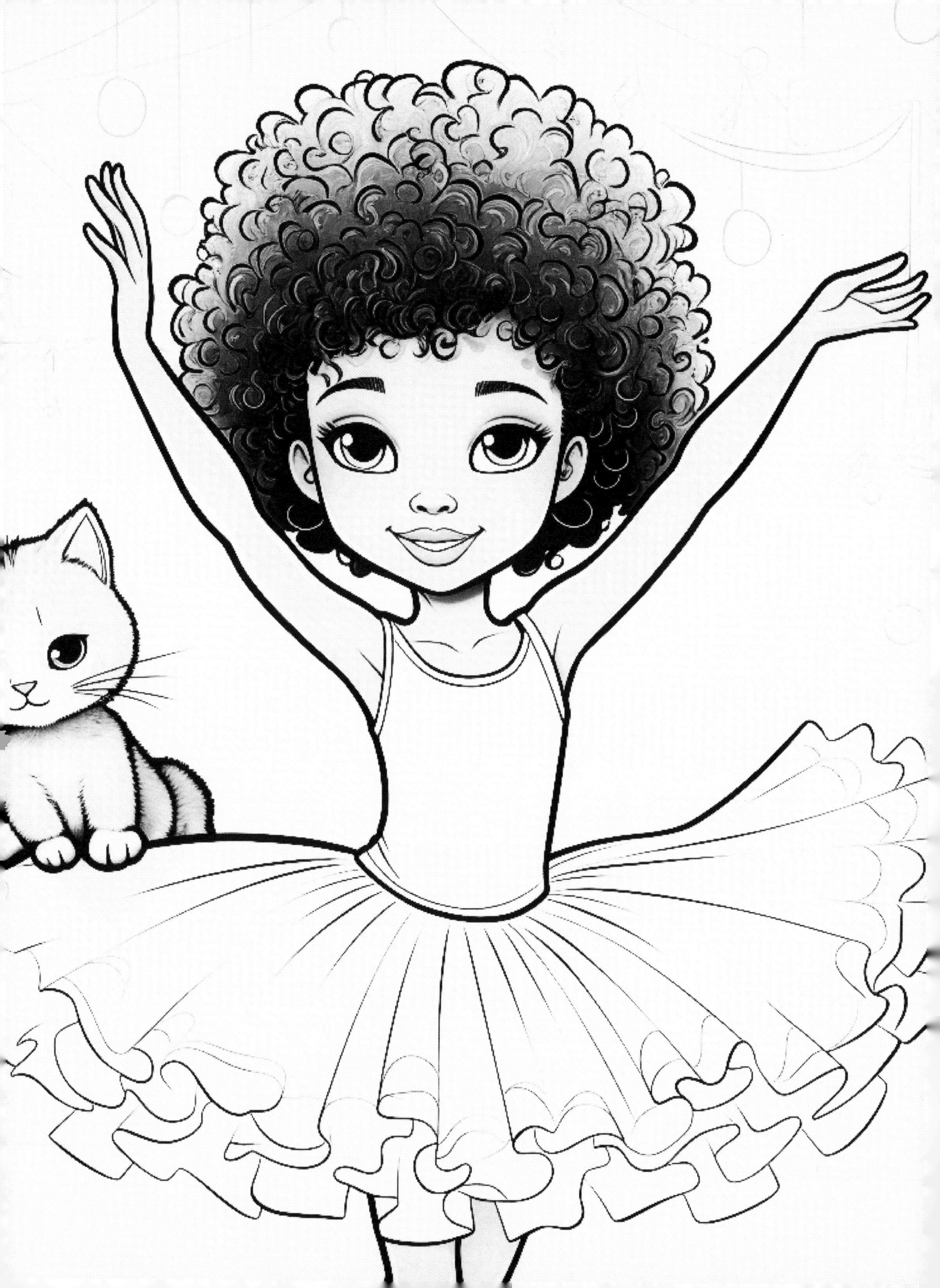

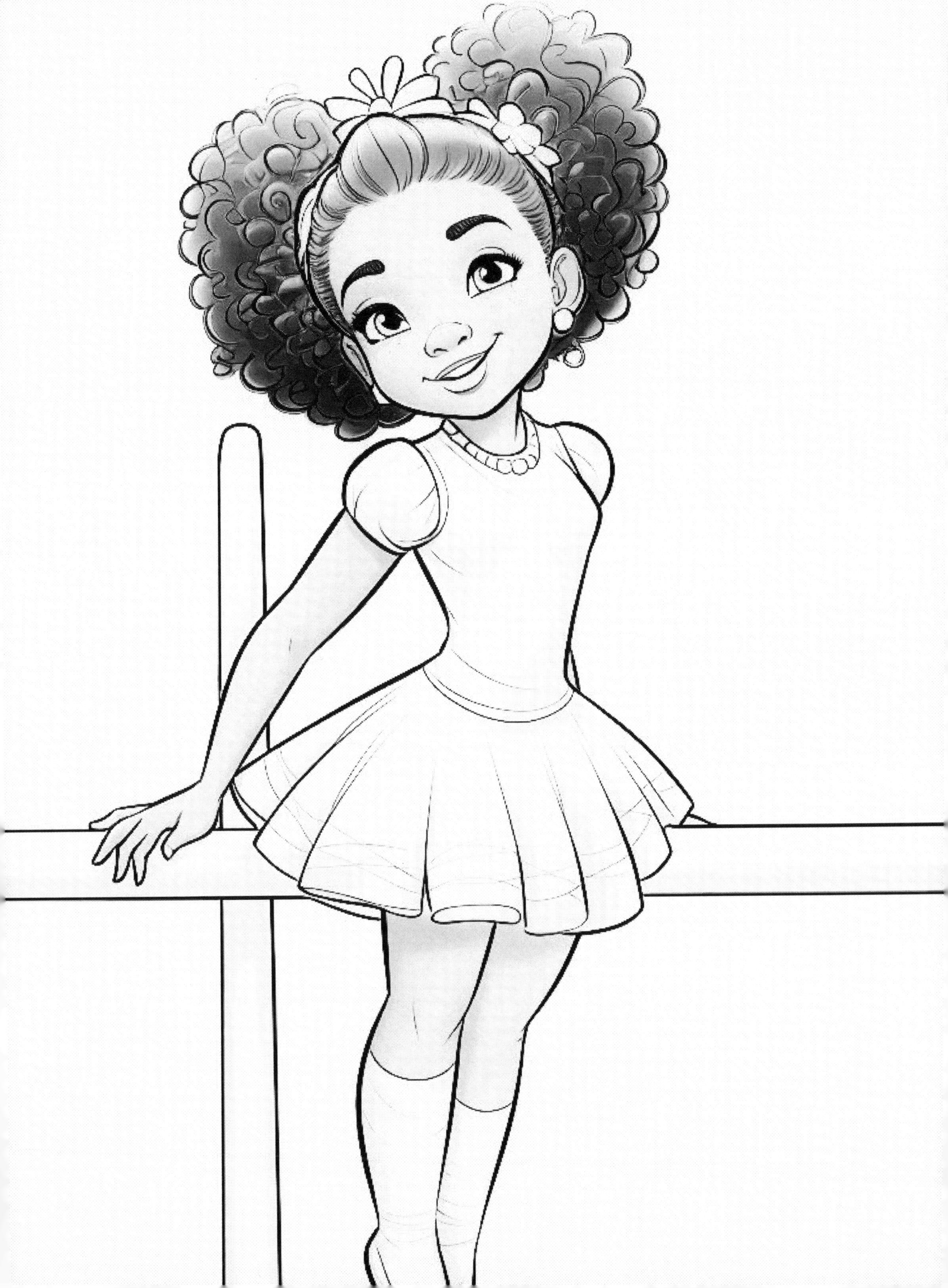

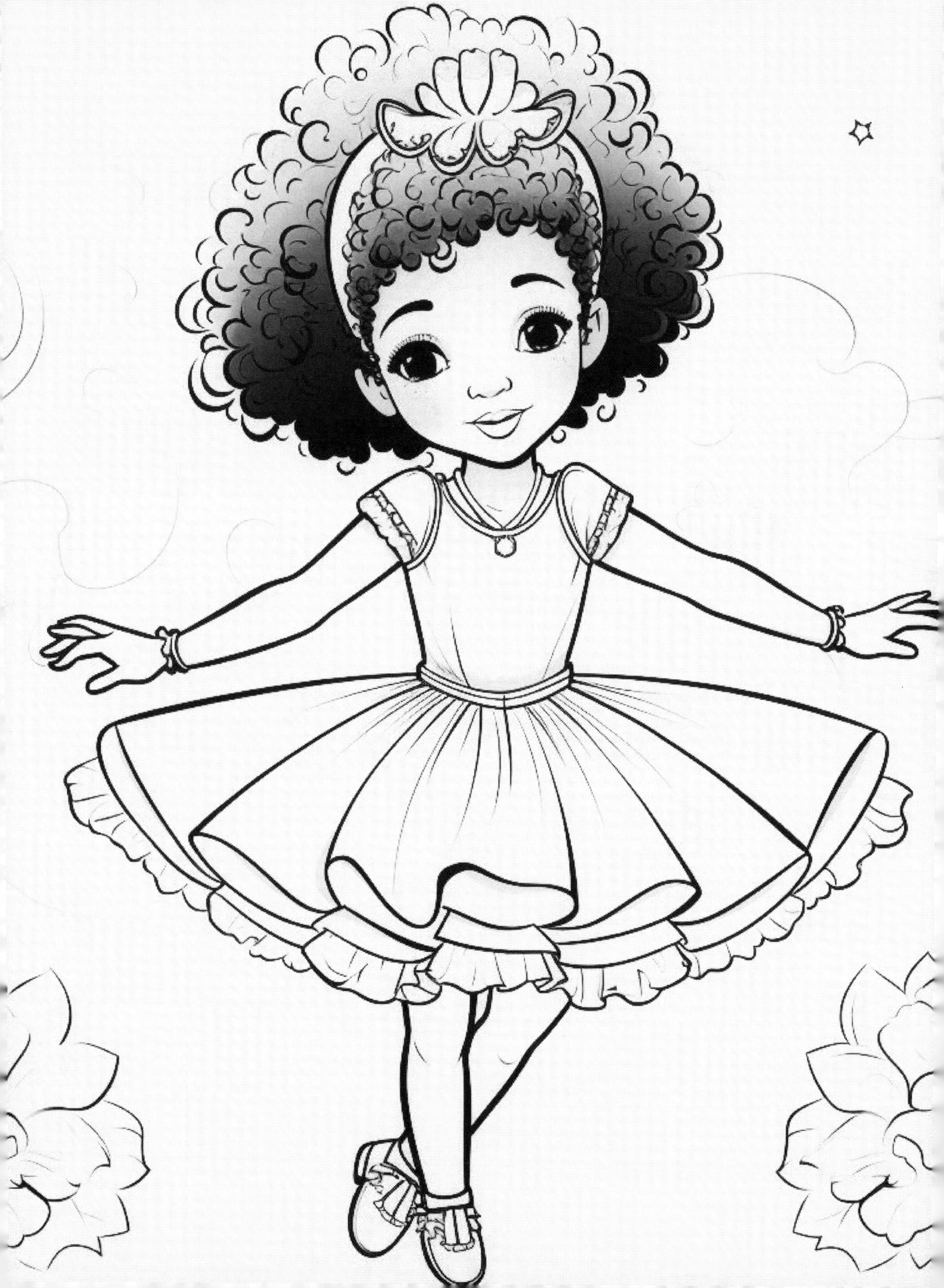

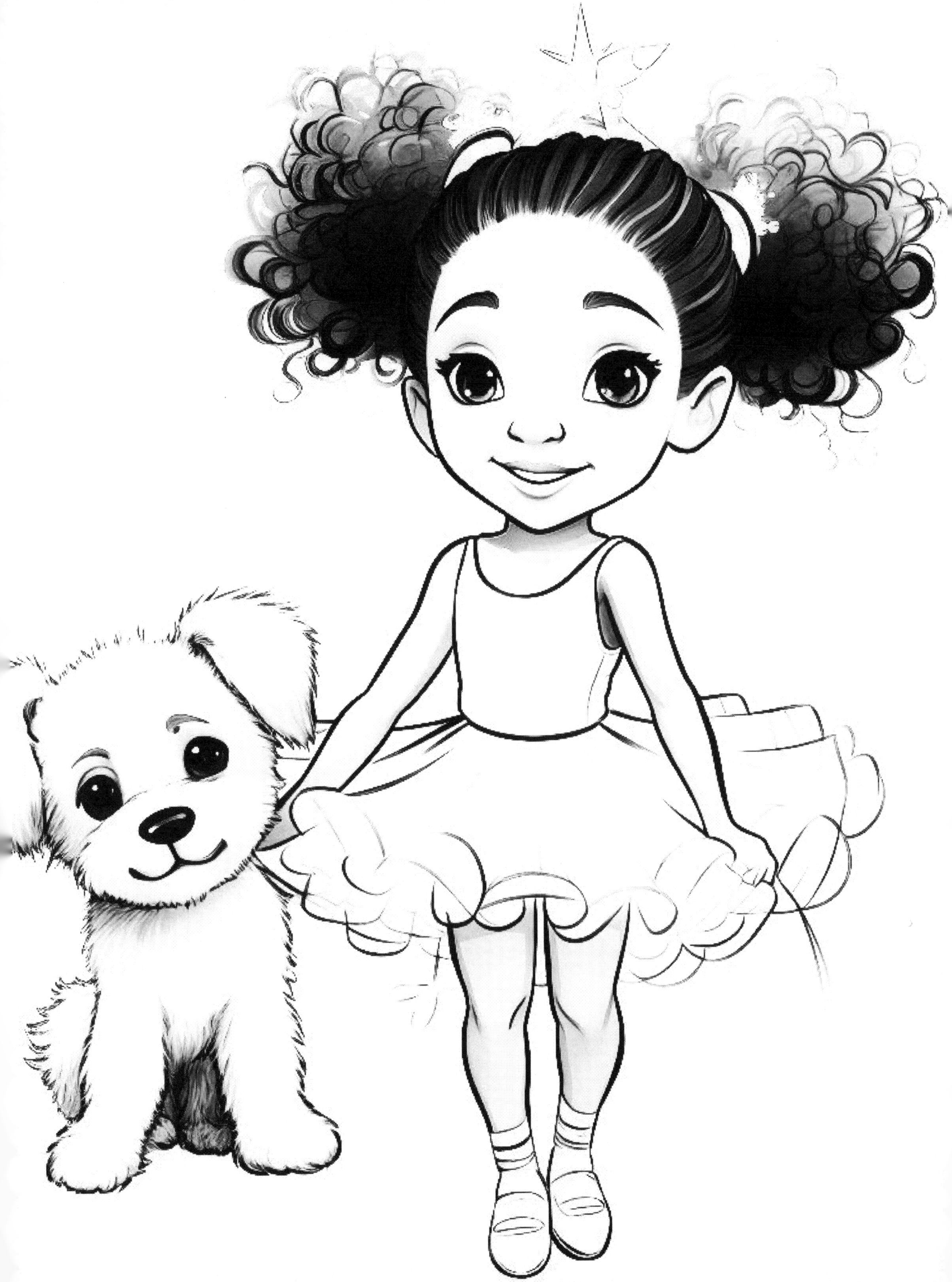

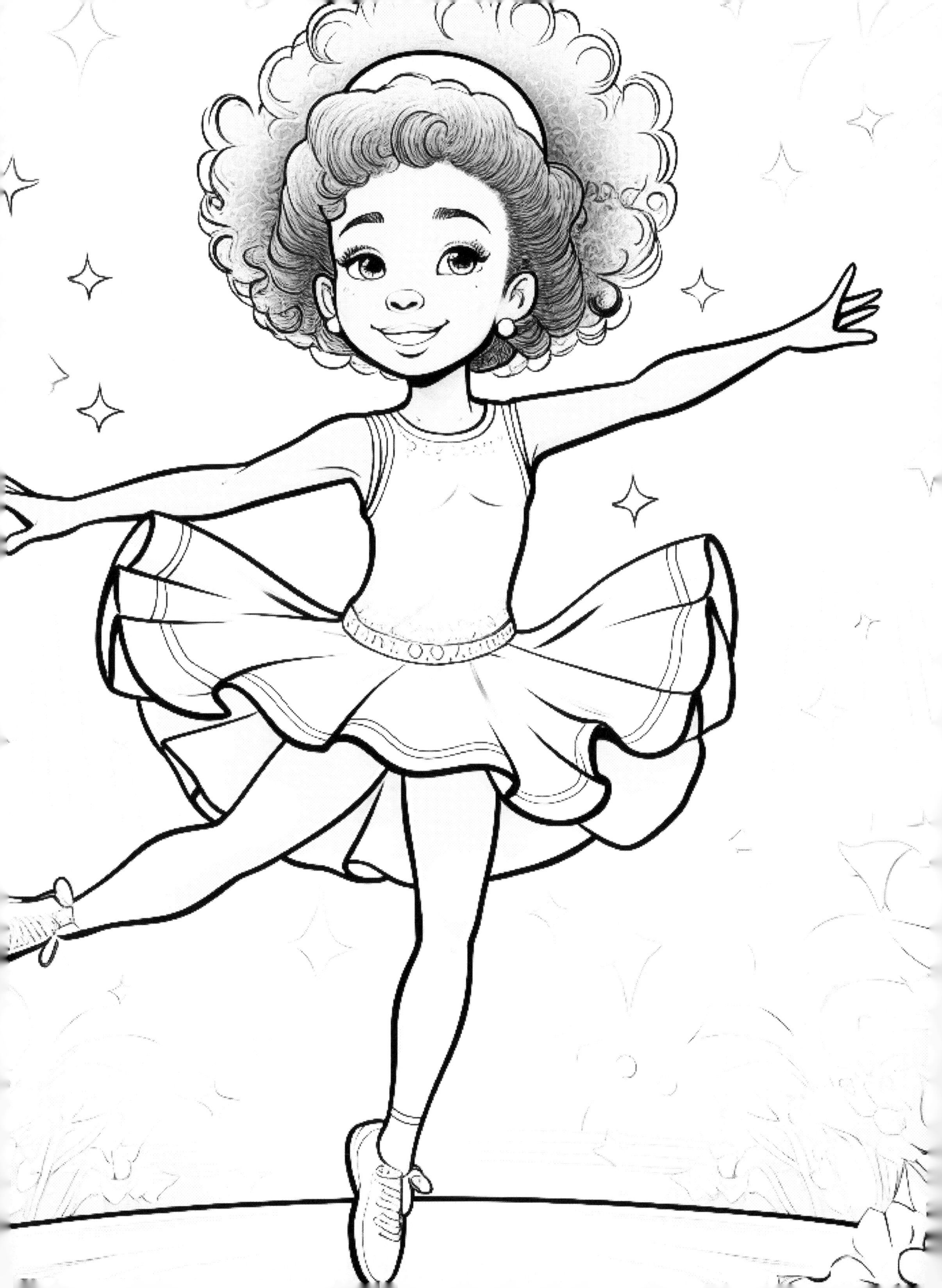

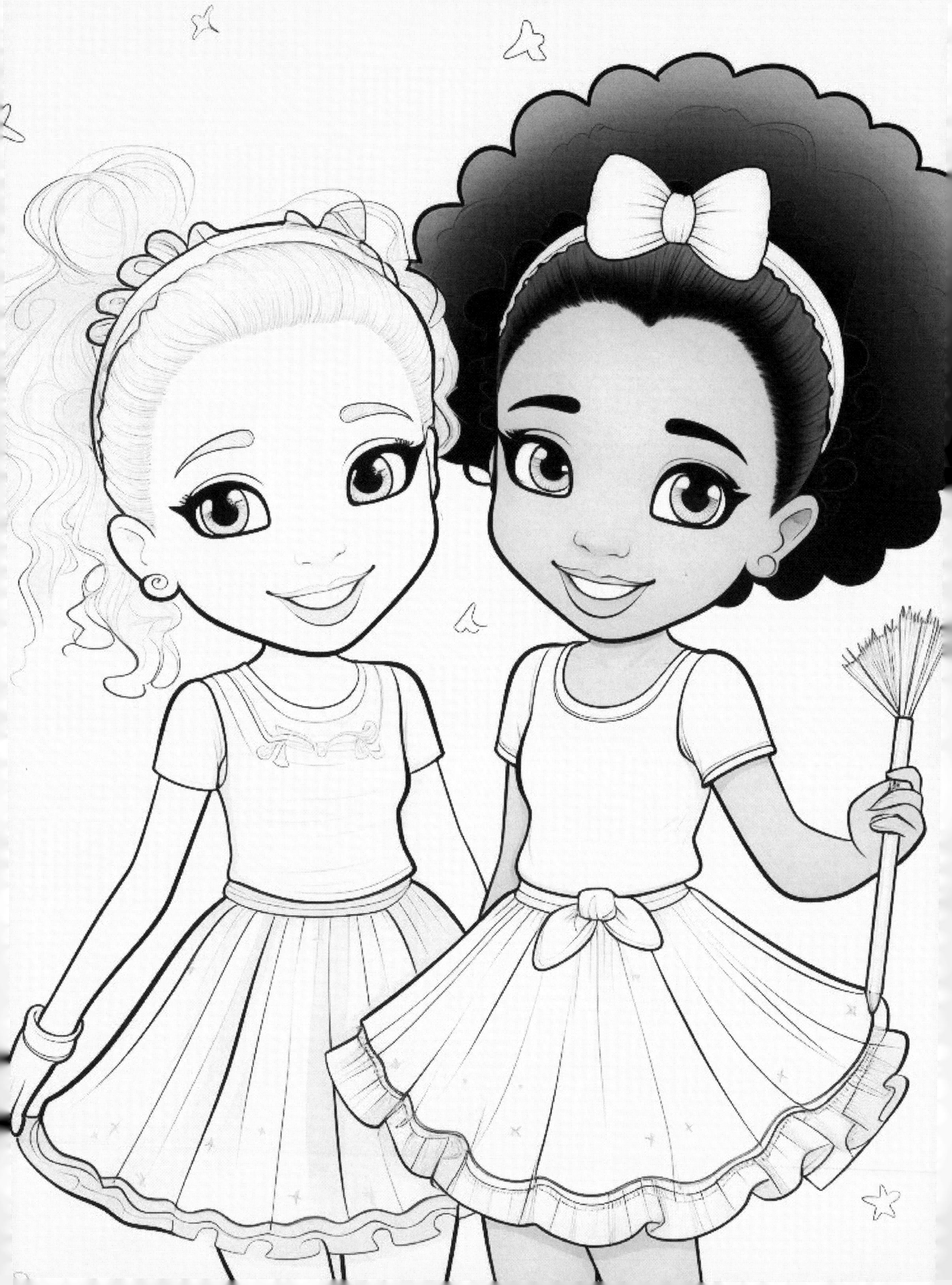

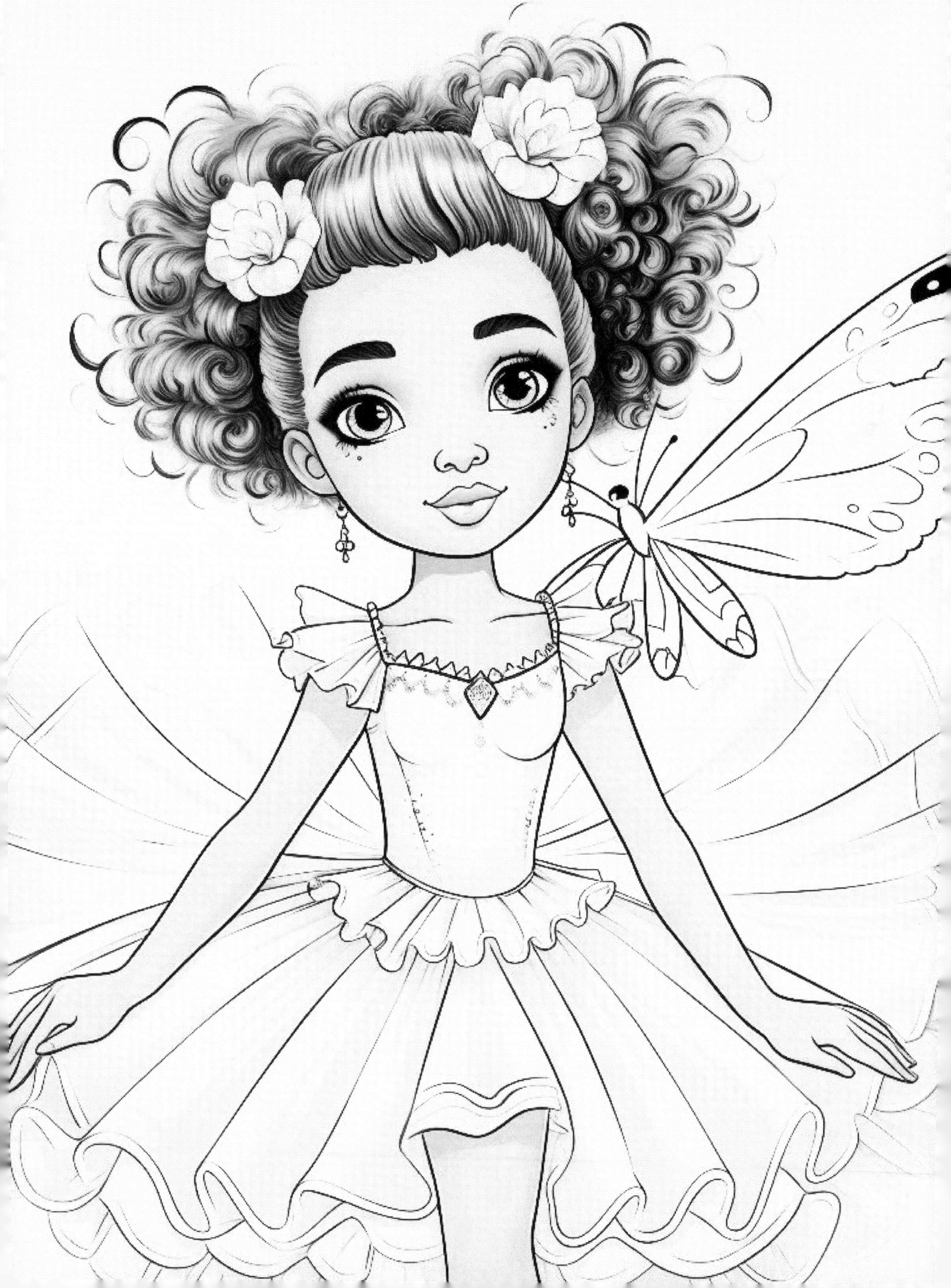

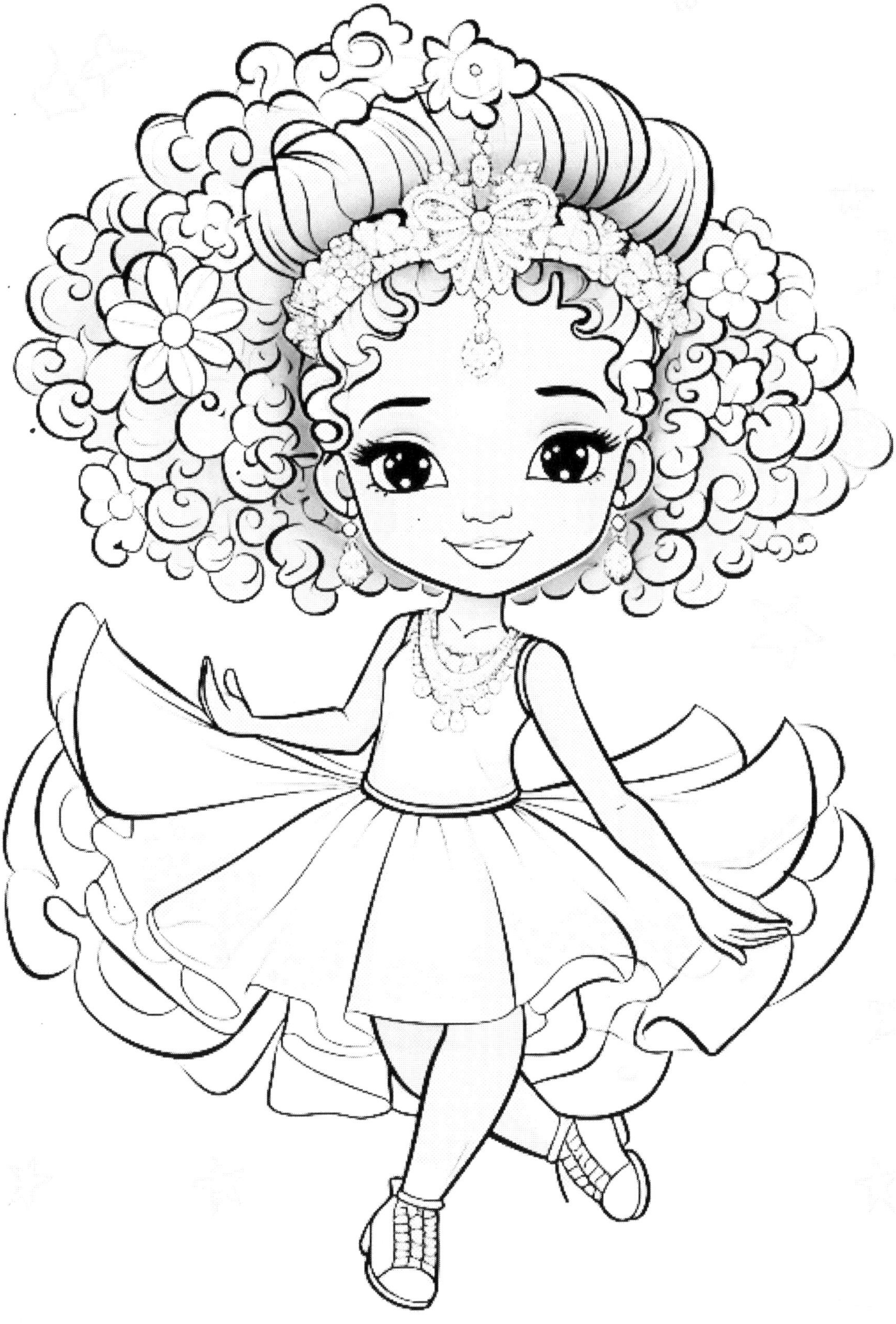

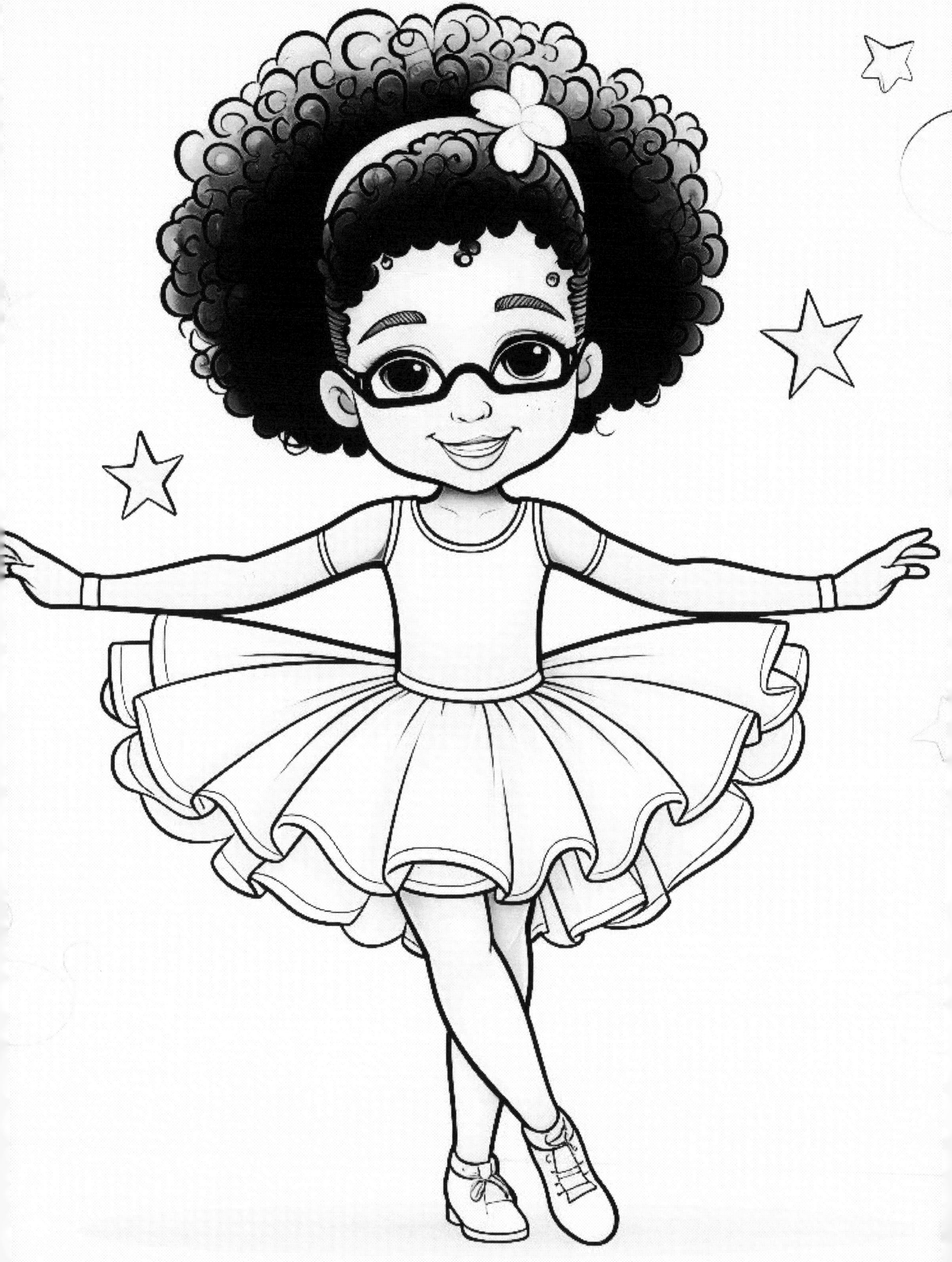

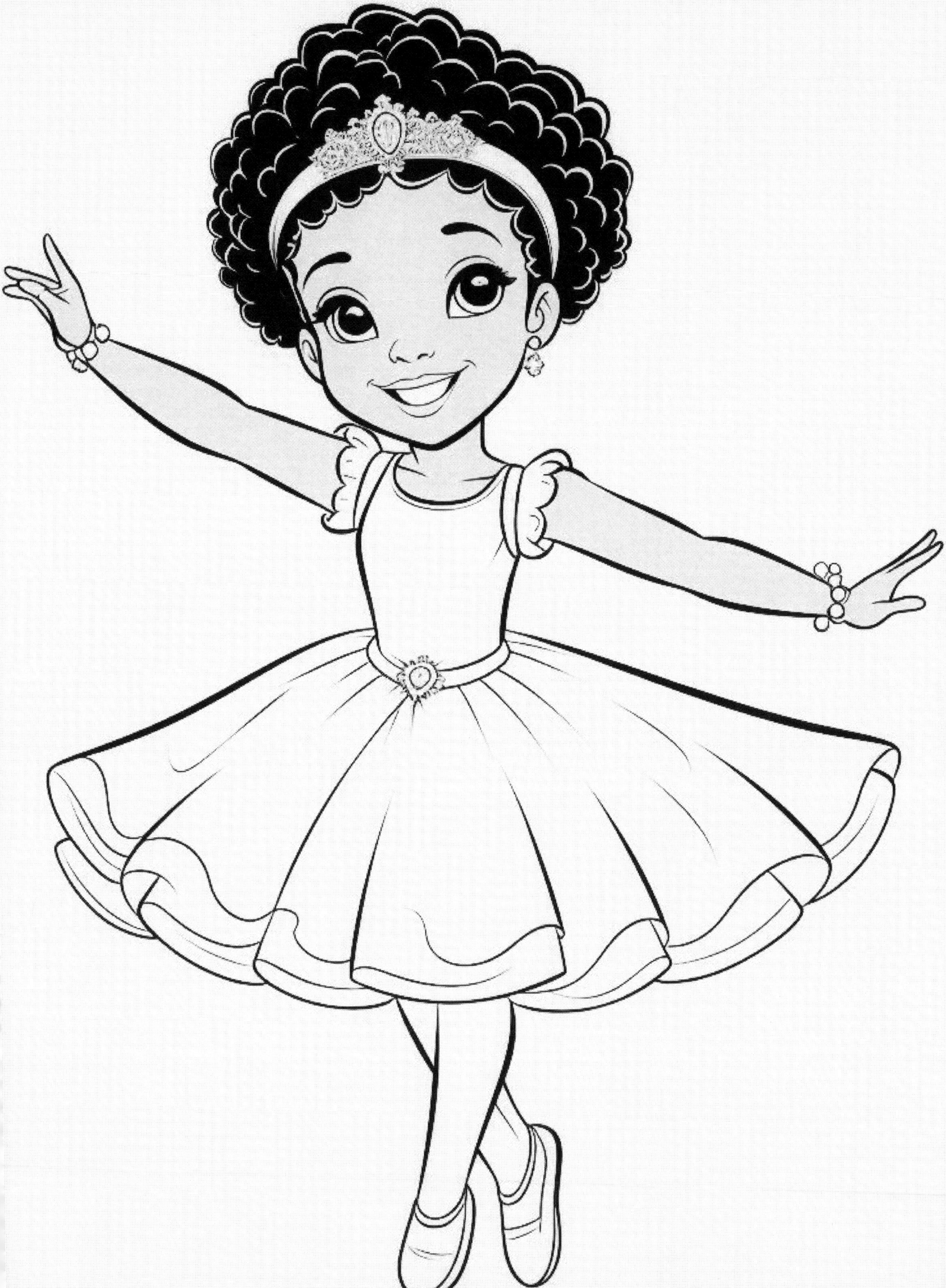

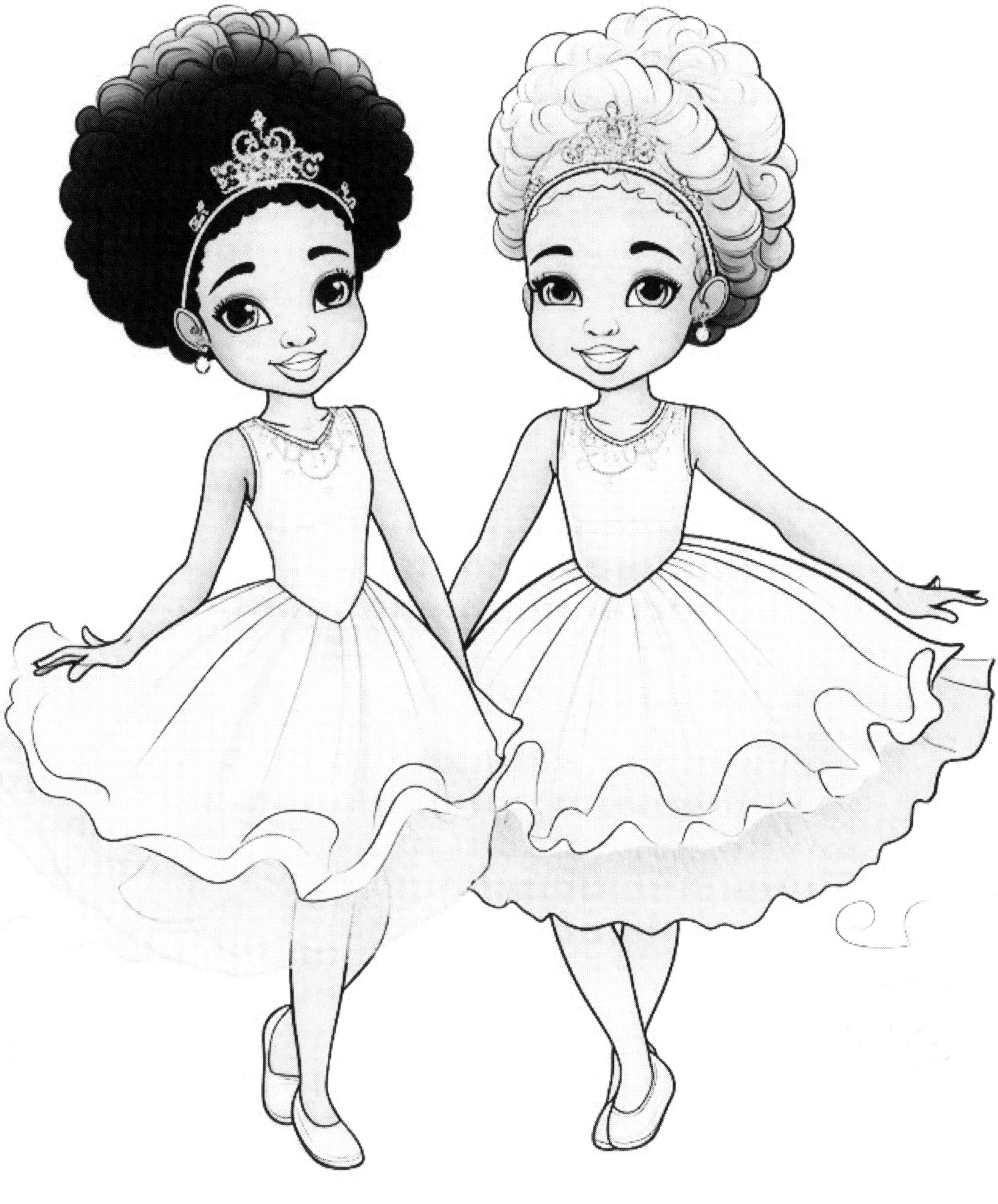

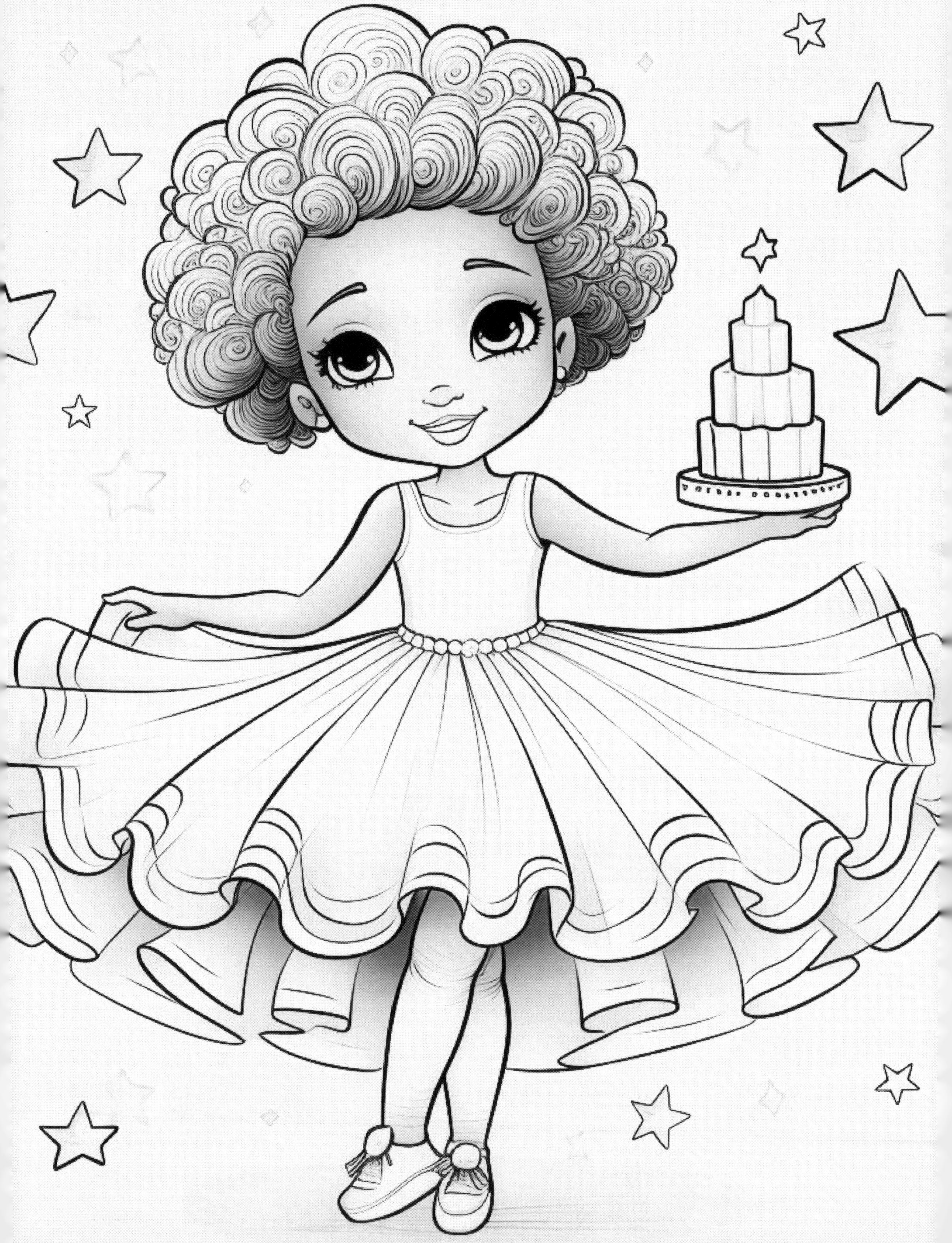

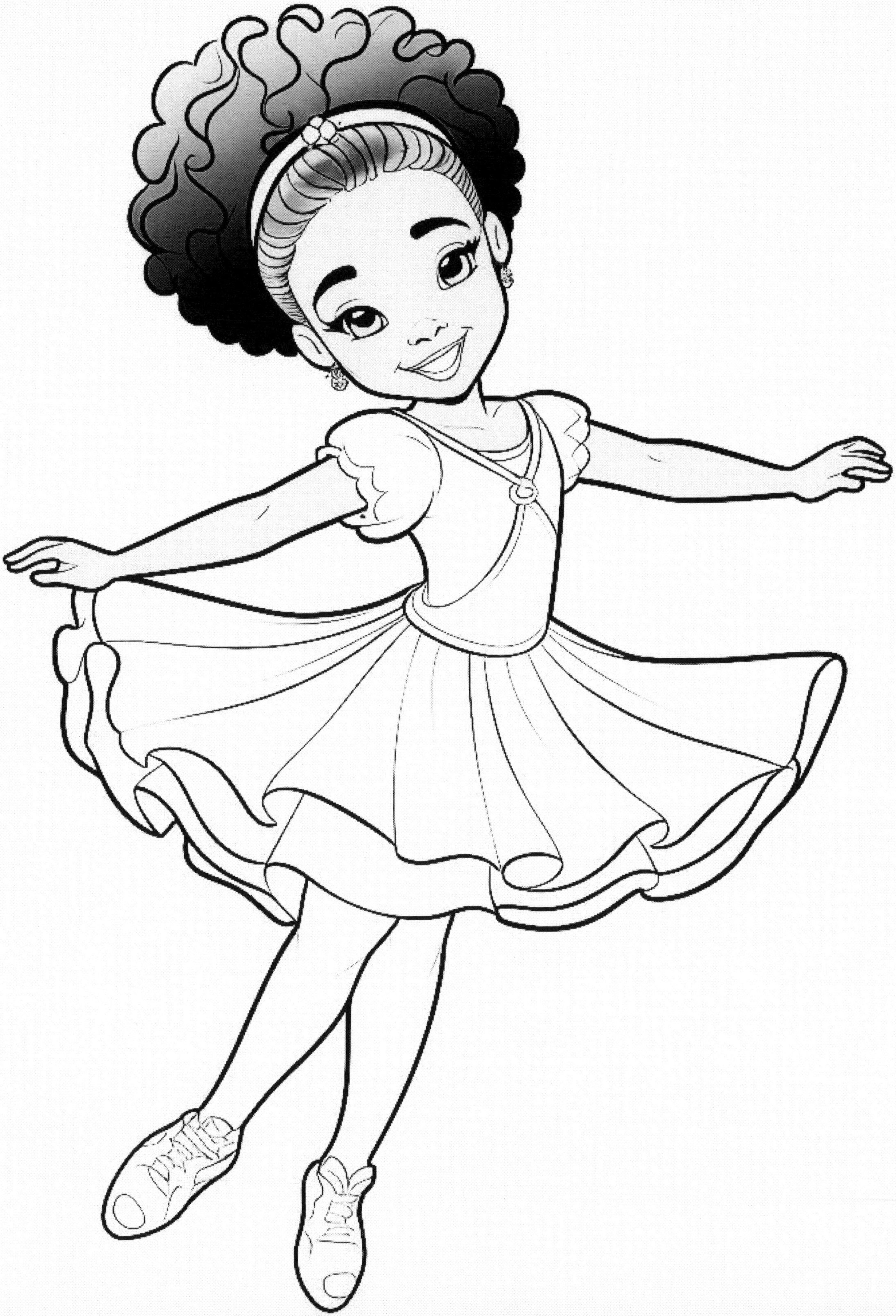

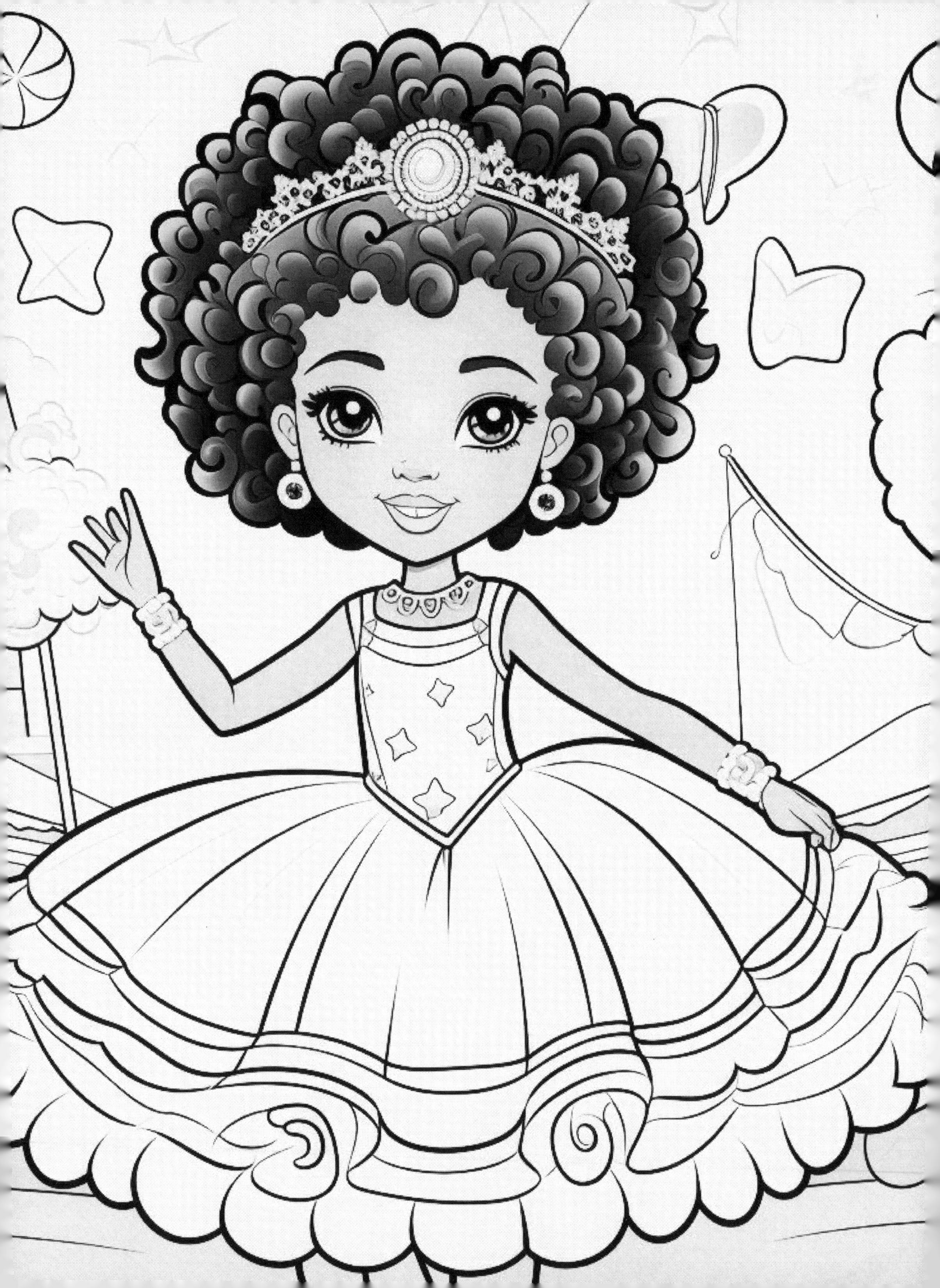

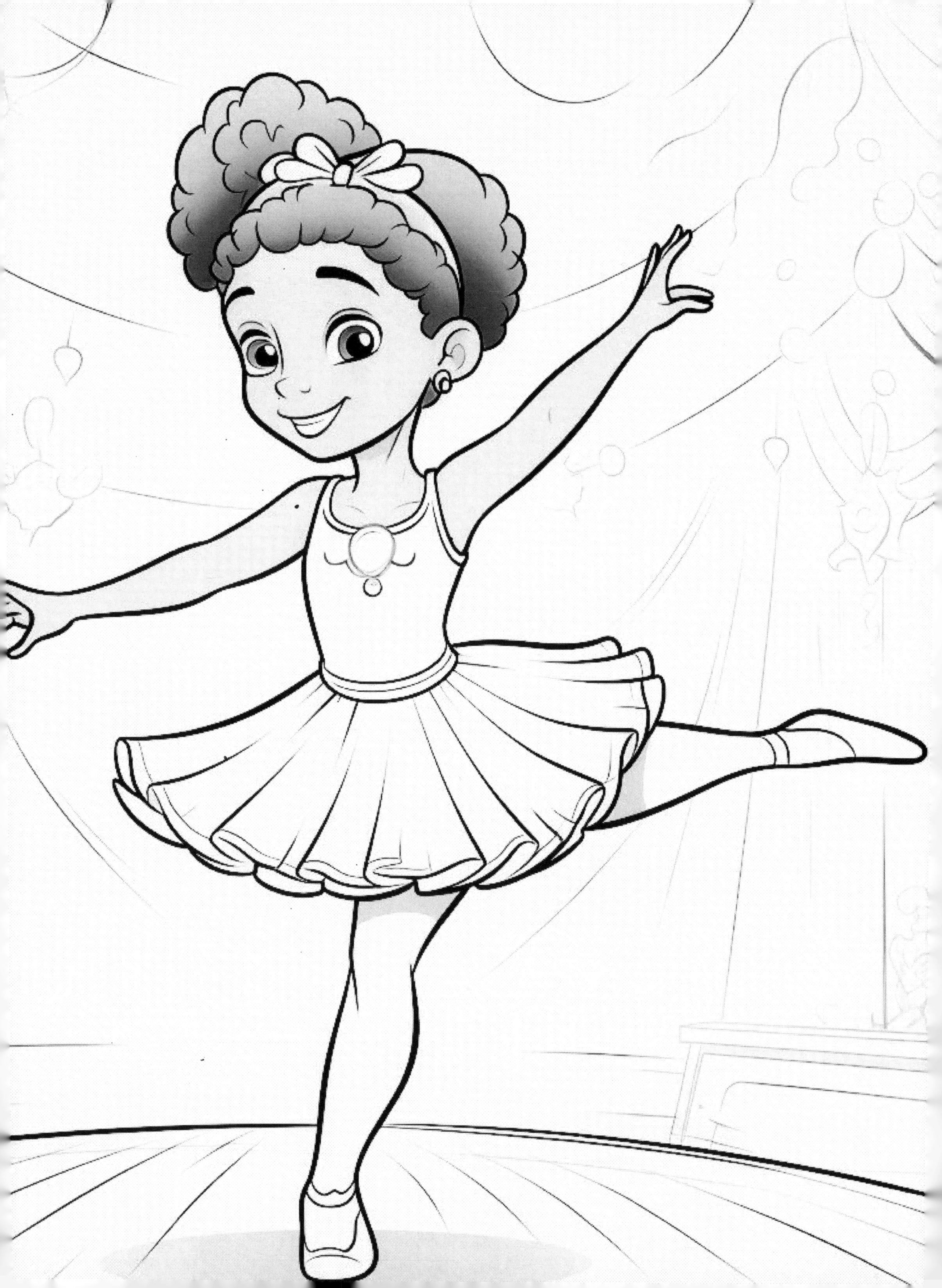

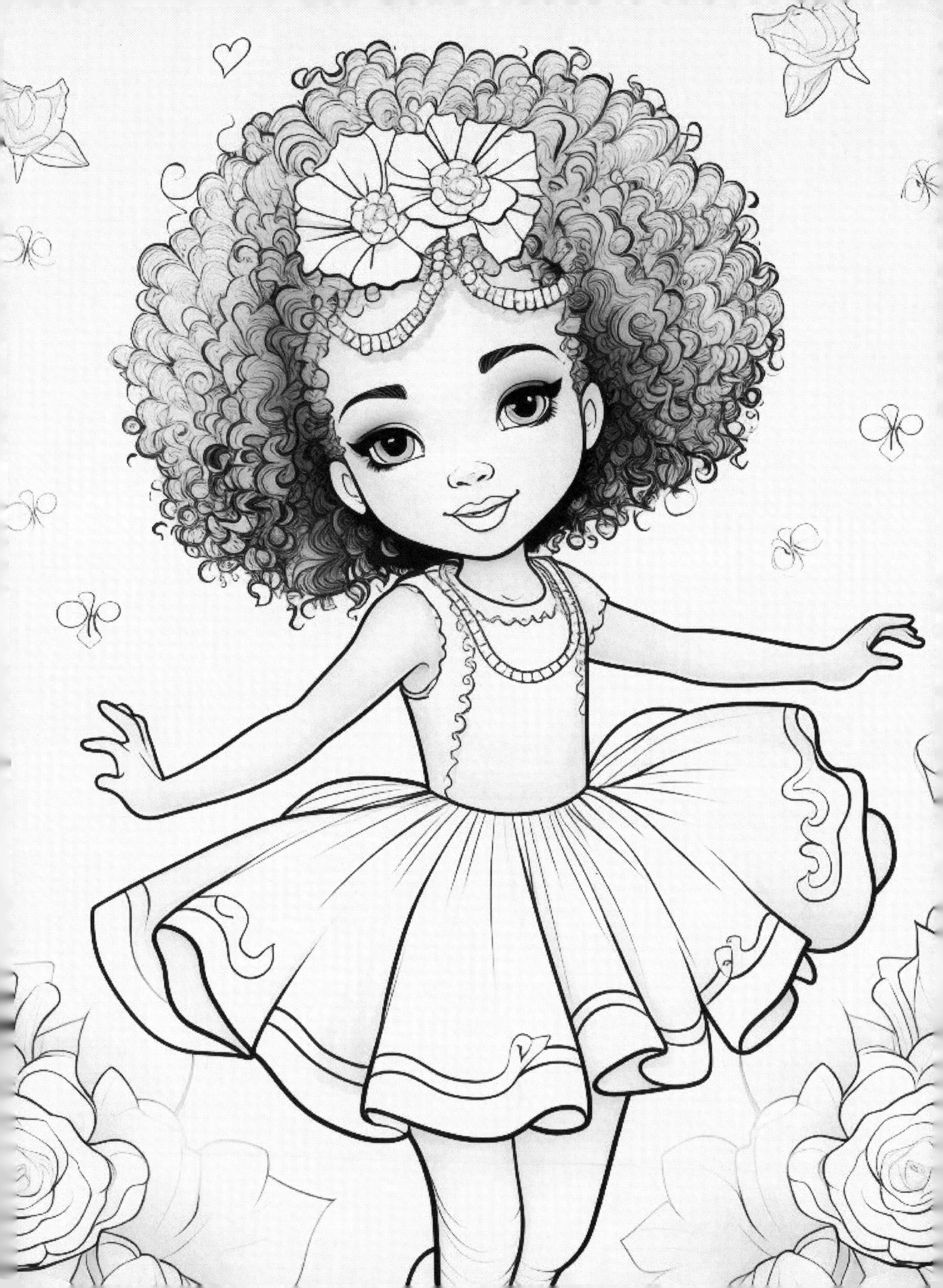

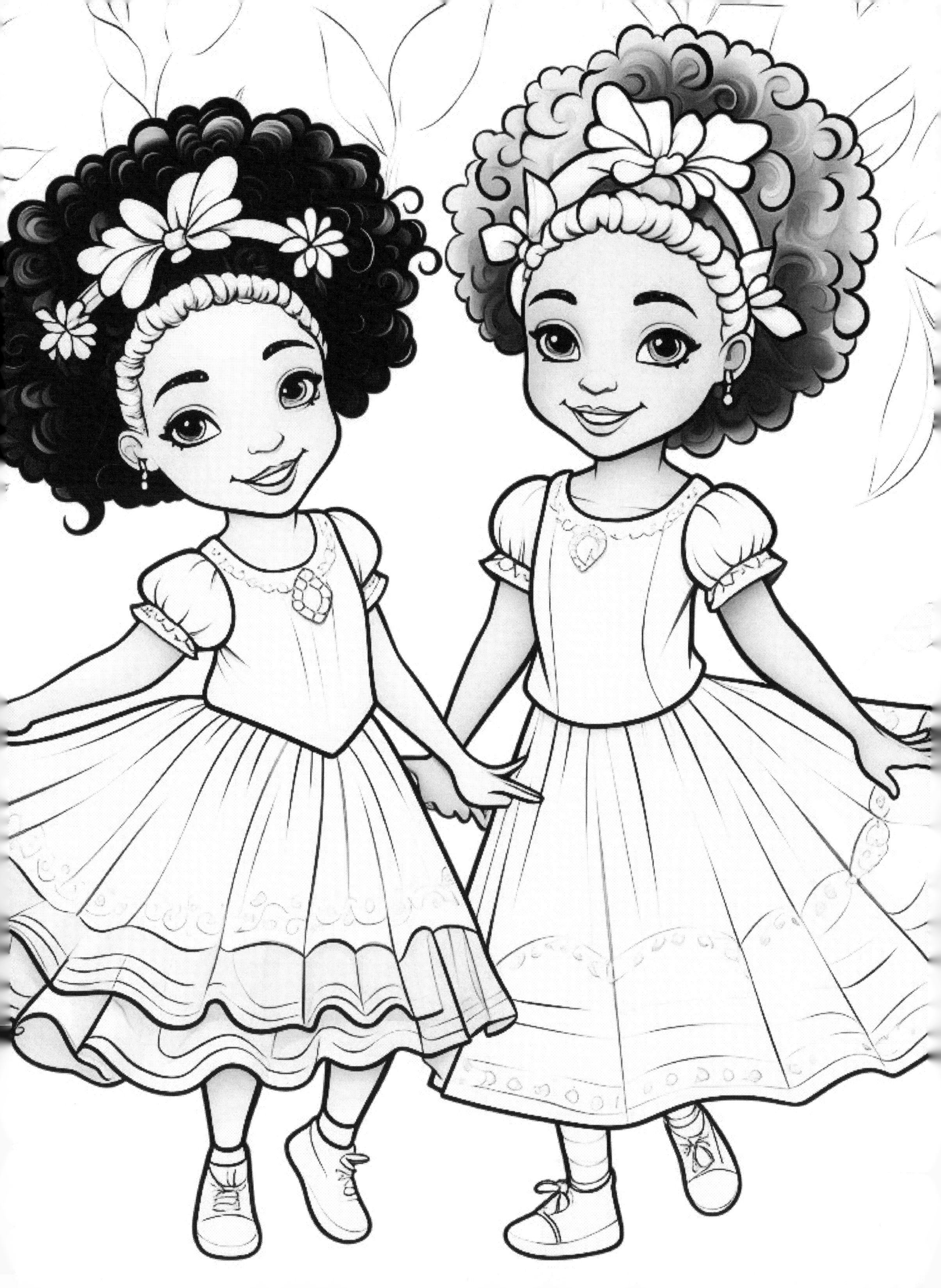

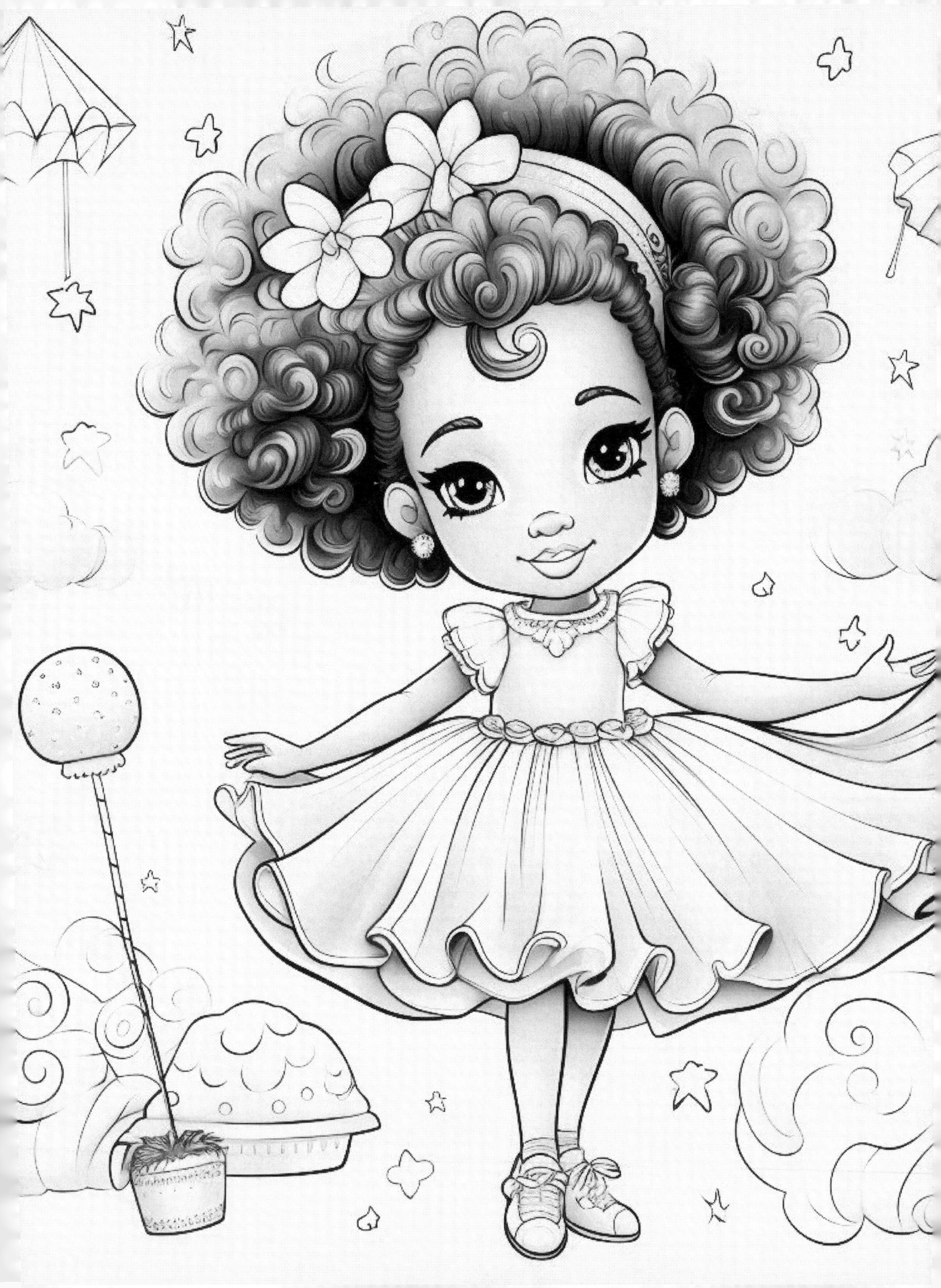

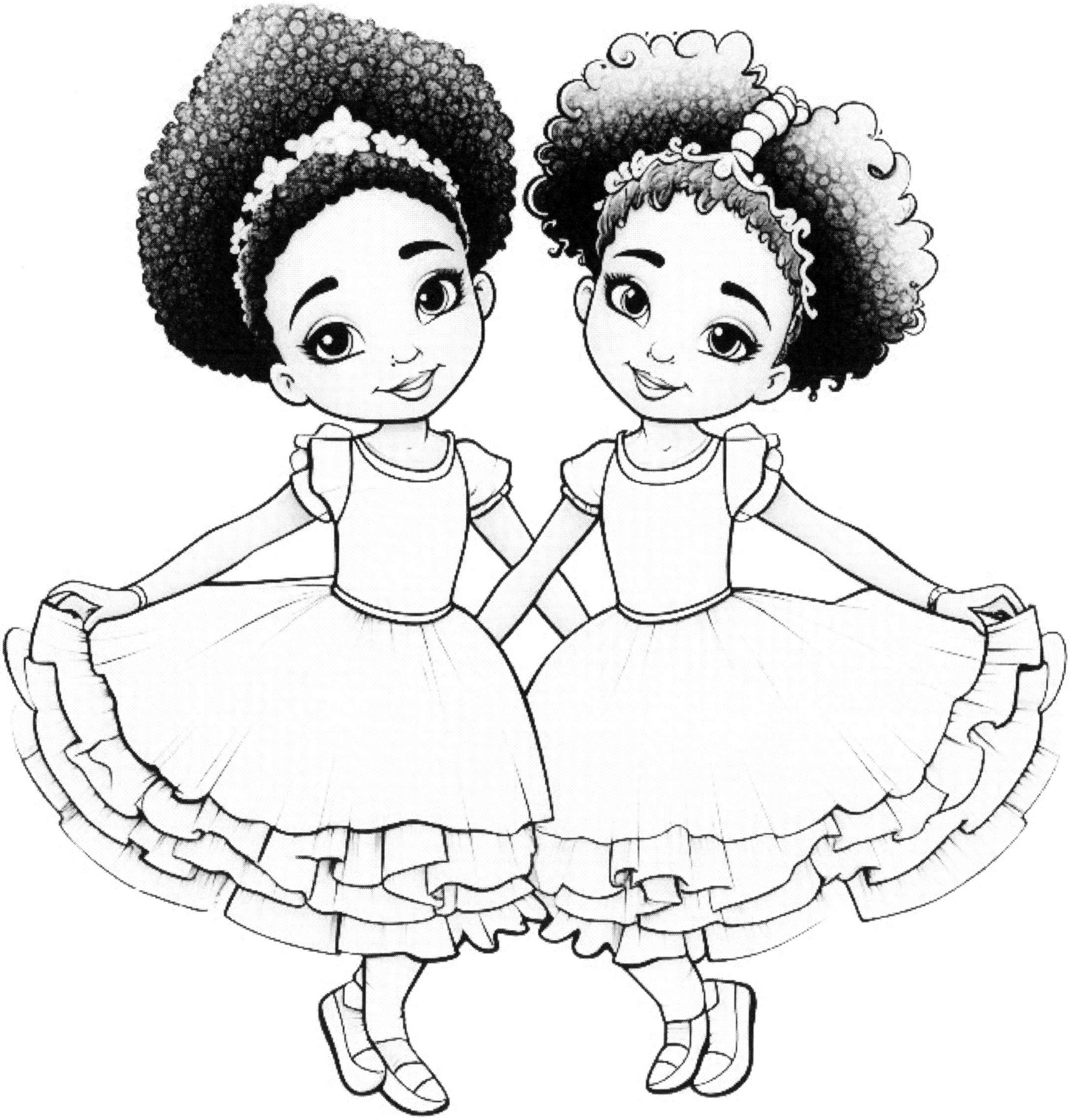

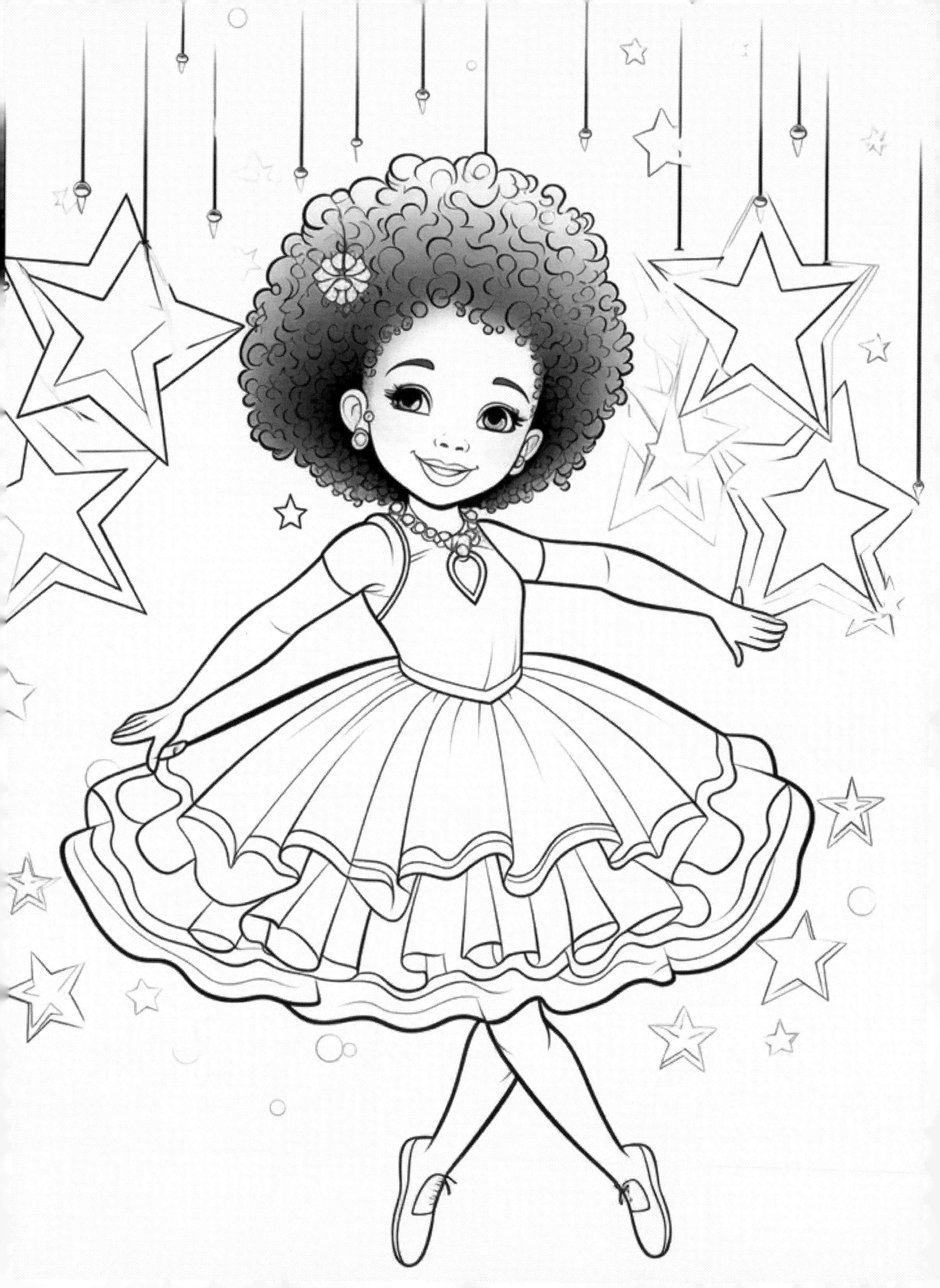

Made in the USA
Columbia, SC
05 December 2024

48067055R00037